KB271242

어느 것 하나 특별한 것 없음

Nothing Seems Nothing Special
WRITER BY EARNEST RABBIT

Earnest Rabbit

WRITER, RABBIT

일러두기

이 글은 어니스트 레빗의 집필 형식에 최대한 맞춰 편집 되었습니다. 〈 〉의 제목은 시와 노랫말에 입혀지길 바라는 마음을 담아 적은 문장입니다.

독백 형식의 문장들은 구어체를 감안하여, 한글 맞춤법과 다른 부분이라 해도 글쓴이의 느낌에 맞춰 그 표현을 그대로 살려 표현했습니다.

띄어쓰기와 말줄임표는 여러가지 방법으로 표현되는 문장의 흐름상 다양하게 표현한 글쓴이의 의도를 적극 반영하였습니다.

내가 보는 타인

타인이 보는 나

비로소 보이는 것들

서로를 위하지만 가끔은 거리를 둡니다

〈지금 여기 힘든 자들과 함께 계신다〉
SUNDAY
고독의 역치는 각기 다르다
잠언 4장 6절
온순해 진다는 것
내 기분은 그게 아니야
〈사는게 시원찮아 잔잔하게 흘러가는 것이 인생이다.〉
〈PRESENT〉
현재만을 바라보기
이토록 잔망스러운
창살
벌써 유월의 마지막
토요일
PLAYER
〈숨에도 맥박이 있듯, 삶에도 각자의 호흡이 있다.〉
조금씩 더 특별해지는 시간
순응에 불순응하기
〈미쳐야 미친다〉
청소를 해내는 성실
입장차이
존재의 부재
감정의 단계
웃어야 좋은 일이 오는 건 아는데
〈모쪼록 평온한 하루의 시작이었다.〉
그냥 그럭저럭
가스라이팅
뒤죽박죽

커피를 쓰며, 글을 내립니다

호구 타락 주의
〈나태함〉
억울함이 어눌한 건 아니야
인연이라 부르고, 이년이라 생각한다
아는 사이니까 싸게?
바보 같은 놈
사냥의 시간
〈방황 없는 사랑은 없다〉
서로를 위하지만 가끔은 거리를 둡니다.
생존을 위한 경계
너와 나의 결
관계의 정석
무엇이 될 수 있는가?
사랑에 대한 진리는 없다
관계가 어려워
정상
사랑의 협곡에서 뛰어내리기
본성
브이 아이 피
머쓱하다
삐치면 지는 건데
아침을 여는 시간
모든게 조화롭지 않은 조화
사진이 인생을 변화시킨다
이야기
지나간 일들
커피를 쓰며, 글을 내립니다

보이지 않는 서로의 거리

"오래 보아야 보인다."는 문장이 있습니다.
무엇을 그토록 오래 보아야 하는 것일까요?

내 마음이 불편한 사물과 관계를 계속해서 억지로 본다고 한들. 좋지 않은 모습만 더 오래 보게 되는 것이 인생의 모순 같은데.

우리가 사랑하고, 좋아하던 계절의 변화 속 겨울을 맞이 한 순간 스쳐갔던 계절의 소중함을 *비로소 깨닫게 됩니다.

저는 *비로소란 단어가 주는 음절의 느낌을 참 좋아합니다.

삶을 지나와 보니 비로소 깨닫게 된 것들을 짧은 단상과 가벼운 노랫말로 엮었습니다.

시린 겨울을 지나고 있는 분들이라면, 이 책이 작은 손난로가 되어 주길 바라며, 뜨거운 여름 한복판. 길을 잃고 방황하는 사람이라면, 저의 글들이 평온함과 휴식을 주는 작은 오아시스가 되길 바랍니다.

저의 바람이 **간들바람 되어 여러분들의
삶에 충분히 가닿길 바랍니다.

부디, 모든 단어와 문장이 여러분에게 잔잔한
울림이 있길 간절히 바라며 기도합니다.

*비로소 : 부사
어느 한 시점을 기준으로 그 전까지 이루어지지 아니하였던
사건이나 사태가 이루어지거나
변화하기 시작함을 나타내는 말.

**간들바람 : 명사
부드럽고 가볍게 살랑살랑 부는 바람.
부드럽게 살랑살랑 상쾌하게 부는 바람.

내가 보는 타인

모든 게 다 어중간한 해

"응 그것도 조금 할 줄 알아."
"응 저것도 조금 할 줄 알아."
"근데, 아직 제대로 해내는 건 없네?"

"그런가? 난 이것저것 시도하며, 잘 해냈다고 생각했는데."

"지금 와서 보니까 너의 말대로 제대로 성과를 이룬 것이 하나 없네."

36살의 나이에 제대로 할 줄 아는 것은 없고,
무엇이든 어중간하게 할 줄 아는 "어중간한 인간"이 되어 있었다.

무조건 하는 것이 맞는 줄 알고, 이것저것 닥치는 대로 했으며, 뭐든 조금씩 해냈다.

성공까지는 아니지만 그래도 소정의 목적을 이루고, 인정 받는 순간도 있었다.

하지만 거기까지. 난 그렇게 뭐든 시키면 조금 할 줄 아는 사람이 되어 있었다. 명확한 성과와 결과물이 없었던 것도 아니다. 그러나 특출나지 않았다.

이젠, 시대가 변했고 무엇인가 만들어내고 성과를 내야 하는 시간이다.

다른 곳에 취업을 하기에는 나이가 많고. 그들의 기준점을 충족시키기에는 어중간한 능력과 위치인 36살의 끝에서.

난 내 인생을 다시 설계하려고 한다.

두렵지만, 용기를 내어야 하며, 실패하더라도 숨죽이며 지쳐 있을 나이가 지난 것이다.

내가 남들보다 많은 것을 해내지 못한 이유는, 하나를 제대로 해내지 못했기 때문이다.

커피도, 야구도, 사업도, 인간관계도...

하지만 알았으니, 이센 달라져야 하지 않겠나?
조금 더 주의를 기울이고, 집중을 하면 된다.

실행에 옮기는 것만으로도 상위 5%에 들어간다는 자기계발 격언을 믿어 보려 한다.

그리고 새로운 한 발을 또 내딛을 것이다.

누군가 만들어 놓은 길이 아닌, 내 첫 발이 새로운 길이 되는 나만의 길을 만들어갈 것이다.

어느 것 하나 특별한 것 없음

Are you ashamed to announce your failure?
실패를 알리는 게 창피해?

"Ten years from now, will this really even matter?"
지금부터 10년 후에도, 정말 이것이 문제가 될까?

 As always, the answer is that "won't be a problem at all."
 정답은 늘 그렇듯 털 끝 하나 "문제가 되지 않을 것이다."

Declaration of failure is only a preparatory step to get higher and higher.
 실패를 나누는 일에서 시작되는 도약은 더 높고, 멀리 올라가기 위한 준비 단계일 뿐이야

 We must get rid of the illusion that only successful appearance is a good result.
 우리는 성공한 모습만 좋은 결과라는 착각에서 벗어나야 해.

Always remember that we learned to walk while falling.
 우리가 넘어지면서 걷는 법을 배웠다는 것을 항상 기억해.

작가 미상_

그래, 기억하자. 오늘을.

 보이지 않는 벽에 부딪혀 힘들다는 생각을 가졌던 오늘을.

 다 포기하고, 아무것도 없는 것이 오히려 무에서 유를 창조할 수 있는 시기임을. 기억하자.

어느 것 하나 특별한 것 없음

〈시간, 빛, 점〉

 시간을 함께 걸었던 사람 그리고 추억 한 장

 사랑을 지우는게 사진기 셔터 한 번의 빛과 사라질 수
있다면

 사랑을 지우는 일은 마치 짙게 떨어진 검은 잉크를 지
우개로 지우는 것 같아

 지워지는 것이 아니라 번지고, 벗겨져 버리는 것 같아

 너를 원했던 만큼 이별의 상처는 깊어져 천천히, 스며
드는 상실의 아픔

 이별에게 지난 사랑 담아 애타게 사라져라 보채 보아
도 스며든 이별에 깊게 자리잡은 사랑은

갈 길 잃은 민들레 씨앗
어디든 자신을 숨겨두려 해

 거칠 것 없던 바람에 몸을 맡겨
어디든 갈 수 있을 것 같은데

 돌이켜 볼 추억 따위는 없을 줄 알았는데

 상실의 숲을 넘어 보이는 건
언제나 너의 미소로 시작된 희미한 빛

빛의 점은 작게 시작돼

작게 시작된 빛의 거리가 점점 가까워질수록
빛에 대한 서투른 희망이 커져만가

그래,
사랑이 다시 시작되었으면 하는 바람

그 바람은 언제나 그렇듯 반짝였던 찰나의 별처럼 사
려져 소멸돼

나의 기억속에서도 그렇게 희미해져가
너의 모습이 이젠, 기억나지 않아

후렴

빛의 소멸은 새로운 시작을 알려
시작은 언제나 설렘으로 시작돼
끝 모를 시작 언제나 설렘으로 가득해
설렘의 끝모를 상실이 빛을 더욱 빛나게 해

어느 것 하나 특별한 것 없음

매일의 기분

 지하철 의자에 앉아 찬찬히 다른 이의 표정을 바라본
다. 가려진 마스크 사이로 보이는 눈과 이마 미간을
보아도.

 조금은 그 사람의 기분을 알 수 있을 것 같다.
알 수 있다는 것과 알고 있다는 것은 다른 의미다.

 단정 지을 수 없다.

 당사자가 아닌 타인이 그 사람을 그냥 자신의 생각으
로 판단하는 것. 끊어진 동아줄을 생명줄로 알고 있는
것과 같다. 이러한 판단을 마치 그것이 정답인 양 결
론지으면 안 된다.

 나와 연결되어 있지 않은 관계에서도 그러한 행위는
위험하다.

기분은 습관으로 표출되기도 하니까.
함부로 상대방의 기분을 헤아려 해서도 안 된다.
자신이 생각하는 매일의 기분이 다르듯.
다른 이의 기분도 매일 다르기에.

 그 사람의 말과 행동이 그 사람의 기분을 대변하는
것도 아니기에.

Nothing Seems Nothing Special

상대방을 헤아린다는 것은 참으로 어려운 것이다.
이 어려운 것을 해내야 하는 것이 타인과의 관계다.

타인의 기분.
내 기분.
그리고 매일의 기분.

각기 다른.

모두가 연결된 유기체적 생각이 다른 이로 하여금 생각하는 행위의 주체가 타인이 되어버린 요즘.

매일의 기분을 관찰하지만.

어떤 때는 '이것을 왜 하고 있나?'라는 허탈감이 밀려온다.

어차피, 내 기분은 이 세상을 살아가는 데에 그렇게 중요하지 않은데. 내 기분쯤이야 다른 이들에게는 하이패스처럼 순식간에 쓰윽하고 지나갈 뿐.

다른 이를 위한 기분 체크보단.
나를 위한 기분 체크가 선행되어야 하는 것인데

너무 남에게 맞춰져 있는 내 삶의 쳇바퀴가 삐그덕대기 시작했다.

어느 것 하나 특별한 것 없음

〈소란〉

많은 사람들 속 내가 아닌 날 느껴
다른 이와 남이 된 이 순간 모든 이야긴 한 낱 소음

소란한 카페 속
흐릿해진 너의 이름은 또렷이 들리더라

너의 이름은 머릿속에 새겨진 것이 아닌
나의 가슴에 새겨진 듯해

마음에 스민 너의 이름 어둠 깊이 잠식해 지우려 술
을 계속 채워도 잠겨지지 않아

비틀거리는 거리를 가로질러 시야에 보이는 것을 확
인해 보아도 너는 그곳에 없는데

너의 이름이 시작된 그곳을 다시 찾아가 보아도
너의 시작을 찾을 수가 없는데

너를 찾아 외친 메아리는 어디서 시작된 걸까?

많은 사람들 사이를 비집고 들어가 너의 목소리를 지
우려 시도해

소란의 중심, 나 혼자만 고요를 찾는 것 같아 그럴수
록 짙게 들려와 지워지지 않는 너의 목소리

후렴

소란스런 사람들 속 난 너를 알아볼 수 있어
소란스런 사람들 속 난 너의 이름을 들을 수 있어
소란스런 사람들 속 난 너의 이름을 지워가네

시선이 놓이는 곳

세상을 살아가는 데는 각자의 시선이 있다.

하지만 그 시선이 때로는 남을 아프게 하는 날카로운 칼이 되기도 한다.

남의 시선에 중심이 되어 그곳에 서기도 한다.
내 시선에 남을 세워 놓기도 한다.

우리는 그 시선을 더 멀리에 두고, 볼 줄 알아야 한다.

인간. 우주에서 지구를 내려다보면 보여지지도 않은 먼지 같은 존재다.

그렇다. 지구를 이루는 작은 원소에 불과하다.

남을 생각하며 했던 선한 행동이 되려 나에게 비수가 되어 꽂히기도 한다.

눈에는 눈, 이에는 이라는 상대적 관점의 악한 일이 선하게 비치기도 한다.

그런데 그게 뭐.

어차피 시간 지나 자신의 상황이 나아지고 편해지면 모든 것 잊고 살아가는 게 인간이다.

잊지 못할 기억의 편린.

 그렇다 한들, 지우지 못한 삶에 대한 상처를 한 순간
의 다짐으로 어떻게 잊을 수 있겠나?

 시간이 필요하다.

 누군가에게는 상처를 누군가에게는 위로를 주는 것
이 관계의 모순이다.

 그 모순을 알면서 이어가는 것 또한 관계다.

비가 내리지 않는 아침

3일 정도 비가 계속 내리는 날이었다.

하지만 5. 18일 비가 내려야만 할 것 같은 날인데,
구름 사이로 빛이 스며든다.

따뜻한 햇살이 구름 사이를 뚫고, 자신의 존재를 알
리는 아침.

오랜만에 야외 테라스에서 커피 한 잔을 들고, 책을
펼쳐든다.

좋은 구절을 찾아야 한다는 압박감으로 책을 읽는 행
위로 더 이상 방황 하지 않는다.

펼쳐진 페이지의 문장을 곱씹으며.
문장의 내용을 있는 그대로 받아들이려 노력한다.

있는 그대로.
내 생각이 문장을 희석 시키지 않게.

그리고 그 문장이 언젠간 불현 듯 떠오르게.
그렇게 오늘도 하나의 문장이 내 삶에 녹아든다.

"오월의 용사여 잠에서 깨어나라."
썩 괜찮은 문장이다.

우리는 각자의 삶에서 자신만의 방법으로 자신만의 전장에서 승리를 쟁취하려 부단히 최선을 다한다.

오늘도, 내게 주어진 삶의 전장을 누비며 산다.

비록, 패배할지라도 나를 아끼며, 날 사랑해 준 사람 만큼은 나의 삶을 기억해주길 기대하며 강요하진 않 지만 그렇게 선한 행위로 그 사람에게 진심을 다해 다 가간다.

어느 것 하나 특별한 것 없음

소외감에서 떳떳하기

'저 손님이 우리 매장으로 왔어야 했는데.'

'어 저 대표님 나와 아는 사이인데.'
'우리 매장이 아닌 다른 매장으로 가네.'

'순희, 호정, 민수, 철수, 미혜가 나를 빼고 모여 있
네.', '남대리, 남부장님, 남차장님이 모여 계시네.'

-인간의 본성은 무리 생활에 특화되어 있다.-

혼자 있는 것을 극도로 싫어하며, 혼자인 것을 느끼
게 되는 순간.

망망대해, 감정의 바다를 헤엄치듯 공허하고 두렵
다.

짙고 깊은 감정의 바다에 빛도 없이 홀로 떠있다생각
한다.

"독립불구 : 홀로 있어도 두려움이 없어야 하며."
"돈세무민 : 세상에 나가지 않고, 홀로 있어도 번민하지 않아야
한다."

조용현 작가님의 책. "인생독법"에 나온 한자 풀이다. 어찌 내 마음을 이리도 잘 아는지.

아니면 작가님도 그와 같은 시기를 보내셨는지 난 잘 알지 못한다.

우리는 혼자라 느끼는 상황에서 기분을 잘 살피며, 외로움이라는 환경에 휩쓸리지 않도록 내 마음을 잘 돌봐야 한다.

세상은 언제나 혼자가 될 수 있으며, 믿었던 사람들에게 뒤통수 쎄게 얻어맞기도 한다.

그럴 때일수록 우리는 남이 아닌 날 돌아봐야 한다. 남이 한 행동에 분노와 시기, 질투를 가져봤자.

남는 건 불변증과 신경쇠약이다.

남은 쉽게 바뀌지 않는다.
그렇다고 나도 쉽게 바뀌는가?
꼭, 그렇지만도 않다.

그래도 이왕 바뀌는 것에 도전을 한다면.
날 먼저 돌아보고, 바꾸는 것이 더 현명하다.

남이 해내지 못한 변화를 내가 해내기도 하는 것.
인생 독립불구, 돈세무민.

주제를 아는 용기

"받아"
"괜찮습니다."

"사양 말고, 받아."
"진짜 괜찮습니다."

"아이참 받으래두."
"아 정말 괜찮은데.'

한국 사회의 문제.

한번에 무엇인가를 받으면, 꼭 무슨 일이 생길 것만 같
은 분위기.

두 세번, 거절 하지 않으면 염치가 없는 것이며, 주는
사람을 배려 하지 않고, 이미 그것을 받으려 했던 속물
처럼 비춰지는 상황.

주제를 알아야 한다.
주는 상대방에게 과연 나는 어떤 존재인지.

내 주제가 그보다 낫다면.

상대방이 주면 그냥 '감사합니다!'하고 받자.
주는 사람도 주기로 했으면 그냥 쿨하게 주자!

 그리고 받는 사람은 최소한 그 상황에 대해 감사한
마음은 진심으로 표현해 주자.

서로가 어려워지지 않게.
서로가 서로의 호의를 온전히 잘 주고 받을 수 있게.

운(運)도 서로가 통해야 오래가는 법이다.

비교

초등학생과 함께 듣는 수업에서 나는 열외를 당했다.

강의실의 수강생들이 모두 나간 뒤, 따로 남아 지도를 받기도 했다.

서른이 넘은 나이에 초등학생들이 배우는 과목을 함께 듣는 나는 남과 나를 비교하게 되었다.

'조금만 더 어렸었다면, 조금만 더 빨리 시작했었다면.' 아마, 마흔이 넘은 나이에도 이와 같은 생각을 할 것이다.

조금 늦더라도 앞으로 한 발을 내딛어야 한다.

내가 할 수 있는 것에 집중하며, 남이 아닌 어제의 나와 오늘의 나를 비교해야 한다.

결국

자신이 쳐 놓은 덫에 걸려 끝을 향해가는 인생의 여정.

 우리가 할 수 있는 건 그 상황을 온전히 견뎌내는 것 밖에 없다.

 결국, 누군가의 도움이 필요하다는 소리다.
인생, 혼자 살아가다가는 덫에서 헤어나올 수 없다.

어느 것 하나 특별한 것 없음

물과 기름

물과 섞일 수는 없지만, 인류에 필요한 존재.

 인간관계 안에서 기름 같은 존재가 주변에 있다면 무
조건 섞으려 하지 말고, 그 쓰임을 알려주자.

그리고 필요한 곳으로 인도해주면 된다.
인간관계 안에서 물만 차고 넘치면, 홍수가 난다.

 기름 같은 존재와 관계를 형성하며 적당한 비율로 서
로의 영역을 존중하면, 공존할 수 있다.

자동문

자동문을 여는 사람들의 움직임은 각양각색이다.

 코로나 시기에 위험을 감지한 사람은 자신의 숄더백으로 버튼을 누르는가 하면, 다른 이가 누르면 잽싸게 따라 들어오는 사람도 있다.

 하지만 나이가 드신 어르신들은 그 용법을 몰라 "몇번이고 이거 누르면 되는거여?"하고 신기해 하시며, 계속 눌러 보신다.

 다행이다, 우리 마음의 문은 자동문이 아니라서.
 다행이디, 내 허락 없이 벌컥, 벌컥 문을 열고 들어오는 사람이 없어서.

Bit : 편의점 알바를 하면서 문뜩 든 생각

어느 것 하나 특별한 것 없음

정(情)

돌이켜보면,

 상대방이 달라고 해서 준 것보다 내가 주고 싶어 준
정이 더 많다.

 그러나 그 정에 초코파이 하나 크기 만큼의 욕심이 들
어 있었나 보다.

 상대방의 피드백 없는 정(情)에 상처 받는 쪽은 되려
정을 준 쪽이다.

 소심하다고 정의하기에는 경우를 따져야 하는 상황
이 많다.

 사람 마음이 닫히는 건 한 순간이다.

 다시, 그 문을 열기 위해선 더 많은 시간과 희생이
필요하다.

시도

어느 것 하나 특별한 것 없음

 어두운 미지의 세계를 긍정의 빛으로 비추며 앞으로
나아가는 행위.

 결과는 정해져 있지 않지만 경험이라는 능력치를 습
득하는 과정.

〈아스팔트 레인 / Asphalt Rain〉

비가 땅에 부딪혀 흐느끼는 울음소리가 서글프다
빗방울 예쁜 단어속 숨겨진 아픔

고통의 소리에 비명을 숨겨
비겁한 행위를 조용히 해낸다

빗소리 뒤 숨은 눈물의 크기
한뼘의 눈물 만큼 크게 내리는 슬픔

타닥타닥, 타닥타닥
아스팔트 위의 빗소리 뒤에 감춘 아픔
나의 마음의 슬픔은 빗소리만이 알고 있네

오늘도 비가 내리고
내일도 비가 내리겠지

후렴

아스팔트 위 빗소리가 내 마음에 울리는 날엔
빗소리에 소리 없이 내 슬픔을 함께 실어요
눈물이 비가 되어 내리는 마음 속 슬픔
누군간 알아주는 날이 오겠죠

〈더디게 오는 것들은 언제나 아프다〉

달팽이의 걸음은 언제나 고독을 동반하지
아픔을 잊은 힘겨운 행진에 마음이 동요돼
슬픔 속 두려움과 고독의 순간 현재의 아픔

아픔을 느끼는 벗을 수 없는 허물 아래
남 모르게 숨겨놓은 눈물
아픔을 느끼는 나날들 고통을 벗어난
시간은 언제나 더디게 오는 것 같아

어제의 아픔은 오늘의 고독을, 내일의 고통은
과거의 눈물. 시간을 넘나드는 아련한 마술

나를 가득 덮은 고통의 사랑에 평생 잠겨
차라리, 해매이는 먼 길 떠나는 달팽이가 될 수 있다면

후렴

더디게 오려 하는 것들의 발걸음은 언제나 잠잠해
고요하게 잠든 대지의 평온은 사랑으로 느껴져
평온히 스미는 대지의 따뜻한 온기가 날 날아오르게 해
디딜 공간 없는 대지 위를 아지랑이 되어 날아오르네

날개 잃은 천사

오롯이 시선을 나에게 두는 생명체가 있다.

처음 땅에 내려왔을 땐.
날개가 자라는 생명체였지만.
인간을 너무 사랑한 나머지 인간 옆에 있다가.
날개가 없어진 것도 모르고 인간만 바라보다
육지 생명체가 되었다는 강아지 이야기.

언제나 그 녀석의 시선은 나에게 맞춰져 있다.

나의 시선은 그 녀석의 촉촉한 코와 초롱초롱한 눈에
맞춰져 있다.

"산책?"이라는 말에
꼬리를 떨어질 듯 흔들어 댄다.

"간식?"이라는 말에
내 무릎 위로 자신의 두발을 올려놓고 계속해서 꼬리
를 흔들어 댄다.

언제나 나에게 집중하는 그 녀석의 대가 없는 사랑에
오늘도 난 사랑을 배운다.

〈그냥 그랬으면 좋겠어〉

마음이 계속 그랬으면 좋겠어
너의 손을 잡다보면

시간이 이대로 멈췄으면 좋겠어
그냥 그대로 여기 그대로였으면 좋겠어

아프지 않았으면 좋겠어
슬픔을 가져오는 아픔이 없었으면 좋겠어

우리가 계속해서 좋았으면 좋겠어
우리가 함께 행복했으면 좋겠어

그냥 계속 그랬으면 좋겠어

후렴

우리의 만남이 그 자체로였으면 좋겠어
그렇게라도 널 계속해서 내 옆에 두고 싶어

보통의 시간이 특별해지는 시간
그냥 그랬으면 좋겠어

어느 것 하나 특별한 것 없음

천천히 건강하게 먹을 수 있는 음식

 식습관을 건강하게 바꾼 지 2년째다.

 식습관은 주관적인 영역이라 어떤 이에겐 좋은 식단이 다른 이에게 좋지 않은 식단이 될 수도, 다른 이에게 좋은 식단이 나에게 좋지 않은 식단이 될 수 있다.

 '무엇을 먹을까?'라는 고민이 현대인들의 스트레스가 되고 있는 시점에서 나는 비교적 먹는 것에 관대한 편이다.

 딱히 먹고 싶은 것도, 그렇다고 먹기 싫은 것도 없다. 그냥 삶을 위한 에너지원으로서의 음식만이 존재한다.

 비교적 적게 먹고, 비교적 많이 움직이려 노력한다.

 '약간의 허기는 정신을 또렷하게 한다!'라는 말이 신빙성 있다 생각한다.

 조금 먹고, 조금 불편하게 사는 요즘.
 삶이 오히려 더 풍요롭다.

정리 정돈

하루의 정리. 그리고 하루의 시작.
우리는 각자의 방법으로 시작과 마무리를 진행한다.

하루가 시작하는 시점에서 힘든 몸을 일으키기도.
때로는 게으름으로 이불 속에 몸을 파묻기도 한다.

그 어느 것을 선택한다 해도 나쁘지 않다.
결과만 책임질 수 있다면.

'뭉그적거리다' 저지른 지각도 괜찮다.

 지각으로 인한 꾸중을 자신이 받아들일 수 있다면,
우리는 선택을 통한 결과가 부정적일 때 상황을 회피
하는 경향이 있다.

 하지만 내가 선택한 결과가 긍정이든 부정이든, 모든
결과를 겸허히 받아들일 줄 알아야 한다.

 스토아 철학의 본질은 나쁜 일도, 좋은 일도 구별하
지 말고 있는 그대로 받아들이는 것에 있다.

 우리의 인생을 우리가 있는 그대로 받아들일 때 우리
는 어제보다 나은 오늘을. 오늘보다 빛날 내일을 맞이
할 수 있다.

답장

회신을 받지 못한 답장은 그만큼 수신자의 삶에서
발신자의 위치가 중요하지 않다는 것이다.

그 사람의 하루 중 핸드폰을 보지 않은 시간은 거의
없을 것이기에.

읽힌 메시지에 끝내 답신을 받지 못했다면, 수신자와
일정한 거리를 두는 것이 발신자의 마음챙김에 좋다.

그 사람이 내 메시지를 무심하게 흘려 보냈듯
나 또한 그 사람을 그냥 흘려보내면 된다.

위로

어느 것 하나 특별한 것 없음

두렵거나.

혹은.

외로울 때.

누군가의 품에 내 얼굴을 감싸고.

그 사람의 온기를 통해 내 삶을 위로받고 싶다.

악당

 남의 친절과 호의는 받으면서, 정작 본인은 자신의
이득을 위해 남을 이용할 궁리만 하는 사람.

 결국, 그 사람 주변은 악당들로 득실득실할 것이다.

 본인이 내뿜는 악취 때문에 다른 악당이 내뿜는 악취
를 알아채지 못하여 자신의 꾀에 자신이 넘어가는 날.

 인생의 지옥을 맛보게 될 것이다.
 썩은 고기에 파리가 많이 꼬이는 법이다.

최악

최상의 반대말이지만

개인의 성향에 따라 새로운 시작점이 될 수 있는 상황.

인간이 감당할 수 있는 상황의 한계는 끝이 없다.

최악의 시기라면, 이제 최상으로 올라가기만 하면 된다.

어느 것 하나 특별한 것 없음

〈그림자 속에 잠긴 그대〉

그만 숨어,
햇살이 포근하게 감싸려는 순간에도
넌 언제나 그림자를 찾아 도망쳤어

항상 춥다고 슬피우며 빛을 피해 도망쳤지
언제나 짙은 그늘에 널 숨기기 위해
빛 따위는 없다며 사라졌지

이제 그만해,
빛을 향해 나아가자

우릴 위해 언제나 자신을 비추는 빛을 향해
따뜻한 햇살을 거닐어 보는 거야

거닐다 보면 그림자가 아닌 빛이 너를 비추고
빛이 너와 함께한다는 것을 느낄 수 있을 거야

후렴

빛을 안고 하나가 되는 것은 어렵지 않아
포개어진 두 손 위를 비추는 따쓰한 햇살에 감사해

친절

따뜻한 미소,

포근한 말 한마디,

편안한 눈맞춤

이 모든 게 어우러진 하나의 움직임.

너무 강력한 힘을 가지고 있는 이 행동은 상대방으로
하여금 호감이라는 반사작용을 일으킨다.

요즘 삶에 필요한 요소.

대가 없는 친절.

봉사

누군가에게 선한 사람으로 인식된다.

 인식된 모습과 실제 모습이 일치된 한결 같은 삶을
살아가는 사람이 내 주변에 있다는 것을 깨닫는 순간.

 그 사람의 선한 기운이 주변을 따뜻하게 만든다.

 모두가 진심을 다해 선한 일을 함께 노력하는 시간이
쌓여 기분 좋은 추억으로 간직된다.

선택

돌이켜 보면.
모든 게 선택이었고.

오늘은 어제 내가 선택한 결과인 것이다.

 결과 앞에 겸허히 모든걸 받아들이는 연습을 해야
한다. 어차피 모든 일은 일어나야 했기에 일어난 것
이다.

일어난 일을 되돌리려 노력하는 것보다
일어난 일에 맞춰 더 나은 해결책을 찾는 편이 낫다.

어느 것 하나 특별한 것 없음

습관

좋은 습관을 만들기 어려운 건

 열심을 다해 꾸준히 원하는 좋은 습관의 반대되는 행
동을 반복해서다.

 좋은 습관을 만들기 위해서는 꾸준히 좋은 습관을 반
복해야 한다.

해방

어렷을 적 엄마는 언제나 식당일을 하셨다.
남은 반찬과 밥을 월급과 덤으로 가져오실 수 있다며
그럼 우리 식구 굶어죽지는 않을거라며.

그런 어머니가 언제나 하시던 말씀 "식당 주방은 창살
없는 감옥이야."

쉬는 날 없이.

언제나 남이 정해놓은 시간에 항상, 그 자리를 지켜야
했던 어머니의 답답함이 느껴지는 문장이다.

삶의 족쇄는 책임감이라는 탈을 쓰고, 자식이라는 인질
을 놓고, 언제나 부모의 시간을 앗아간다.

그래도 난 해드릴 수 있는게 별로 없다.
신세를 한탄 하는 것이 아니라, 삶을 돌아보는 것이다.

끊임 없이 내리는 굵은 빗줄기 앞에서 우산 없이 나아
갈 수 없는 시간을 벗삼아.

과연, 엄마는 해방되셨을까?

어느 것 하나 특별한 것 없음

타인이 보는 나

삶의 미로

'묵묵히 자기 길을 걸어가다 보면 분명 길이 나올 거야.'

이해할 수 없는 말이다.
길을 가보지만, 미로처럼 계속 제자리만 돌고 있는 기분.

새로운 일을 통해 활동적이고, 긍정적으로 몇년의 시간을 보내다가

금세 지쳐버린 상황.

'작은 성공을 계속해서 해나가야 큰 성공을 할 수 있어!'. "'작은 성공"이라 함은 도대체 어느 정도를 말하는 것인지.

숨 쉬고, 일어나서 샤워를 하는 행위도 작은 성공이라 말하는 사람들.

하지만 당연히 해야 하는 일을 해낸 것에 성공이란 수식어를 붙일 수 있을까? 또는 몇 년을 늘 한결같이 해왔던 일을 작은 성공이라고 할 수 있을까?

물론 주관적인 입장에서 성공의 정의가 다를 수 있다.

Nothing Seems Nothing Special

하지만 성공의 명확한 목적이 없는 이들에게.

 성공이란 단어에 어울리는 작은 성공을 말해줘야 하
지 않을까?

 그렇지 않다면, 늘 희망고문에 시달리며 소중한 시간
을 소멸시켜 버릴 것 같다.

어느 것 하나 특별한 것 없음

내가 잘 할 수 있는 일

초등학교 4학년에 시작한 야구라는 스포츠가 세월이 지나. 이제는 특기란에만 적용되는 일반인이 되었다.

"내가 잘 할 수 있는 일"은 언제나, 시간을 할애해서 어느 정도 가능성을 보여줄 수 있는 실력까지만 만들었다.

하지만 온전히 내가 다른 이들에 비해 월등히 잘하는 정도는 아니다.

십수 년간 시간을 투자해 일반인들에 비해 공을 조금 더 잘 던지고, 치고, 받을 수 있을 정도?

그것도 아니라면, 야구라는 스포츠를 취미 및 동호회를 대상으로 상세히(시간의 축적으로 인한 배움)가르쳐 줄 수 있는 정도?

정도의 차이는 있지만 내가 프로선수처럼 완전히 〈잘할 수 있는 일〉은 아니다.

내가 강정호, 류현진, 양현종, 김광현, 추신수, 김하성, 이정후 처럼 메이저리그 선수가 아닌 이상.

내가 〈잘 할 수 있는 영역〉은 아닌 것 같다.

그들과 같은 시기에 야구를 시작하고,
배웠지만 그들만큼의 실력을 가지지 못한 이상.

 내게는 그 영역이 일반인들 보다 조금 더 잘하는 특
기란에만 해당되는 것이다.

나라는 인간

 이제 조금씩 나이가 먹어 갈수록 "나라는 인간"의 정체성에 대해 진지하게 생각하게 된다.

 진지한 생각이 언제나 좋은 결과를 가져오는 것은 아니지만.

 한 번씩 진지하게 〈나라는 인간〉의 기저까지 내려갔다 오면 왠지, 삶의 방향이 조금씩 뚜렷해진다고 해야 할까?

 아무튼 오늘은 비도 오고, 날씨도 좋지 않아 나라는 인간의 정신, 제일 깊은 곳까지 깊게 내려가 생각해 보며 다시 올라와 볼 참이다.

마음의 심해는 바다의 심해와 다르다.

 고요하기는 커녕 늘 불순물과 회오리가 멈추지 않는 혼란의 영역이다.

 바다의 신.

 포세이돈이 있다면, 내 심연에서 만큼은 삼지창을 함부로 흔들지 못할 것이다.

심해의 바다보다 하데스가 있는 지옥의 깊은 구렁텅
이라고 표현하는 것이 더 맞는 표현 같다.

내가 단테의 신곡 (천상/연옥/지옥)중 지옥을 제일 좋아
하는 이유기도 하다.

어느 것 하나 특별한 것 없음

시간의 재발견

 주어진 시간 안에 우리는 마땅히 해야 할 일을 처리
하는 것 만으로도 훌륭하다.

 무한하지 않은 삶의 시간 안에 우리가 할 수 있는 일
들이 너무 많다는 것을 깨달아야 한다.

눈에 보이지는 않지만,
시간은 곧 실체인 것이다.

그 실체를 부정하는 마음이.
우리를 초조하게 만든다.

현실.
두려움에 갖힌 창살 없는 감옥에서 시간을 허비하게
만든다.

돌이켜 보면, 제일 중요한 것도 시간이었다.
그것을 모르고 가장 허비한 것도 시간이다.

⟨모노로그 / MONOLOGUE⟩

바라보는 시선에 초점이 흔들려
희미해진 점들을 지워내기가 겁나
더이상 너를 보지 못한다는 두려움

무의미한 시간을 흘러보내고
붙잡히지 않는 기억 속 편린의 조각을 맞춰
어둠에 가려진 달빛 아래

어둠을 지워낼 용기가 나지 않아
제발 다시, 어둠을 내게 달라고
빛이 없는 곳으로 날 인도해 달라고 애원해

그림자가 바람에 흔들려 망설임은 체념이 되어
다시는 심을 수 없는 갈대가 돼

후렴

이토록 애원했던 적이 있었을까?
어둠을 이리도 갈망하며, 어둠에 스스로 갇혔던 적이
있었을까?

따라사로운 햇살을 원망해 봐
어둠은 원망으로 부를 수 있는 것이 아님을 깨달아

〈청순〉

바람에 흩날리는 그대의 머리카락을 보며
그대의 머리카락을 흔드는 바람이 되고 싶었네
시원한 청량 음료를 마신 듯 그대의 모습이
나에게 사막의 오아시스 같아

그대와의 간격을 줄이고 싶지만,
그 모습 그대로 바라만 보아도 좋아
욕심 없이 그대에게 머문 내 시선을 이상하게
생각지 말아요

새하얀 도화지에 무지개를 그려놓은 듯
그대의 모든 것은 하모니가 되어 세상을 수놓아

무지개를 바라보는 사람의 마음은 무엇을 원해서가
아닌 바라만 보아도 좋은 마음이 피어오르기 때문이죠

그대는 무지개. 바라만 보아도 좋아
그대는 나만의 무지개. 바라만 보아도 세상 모든 것이
나의 눈에 담아진 듯해
난 이제 무엇도 바랄 게 없어요

후렴

청순한 그대여 지금 그 모습 그대로 있어줘요
나의 무지개가 되어 세상을 수놓아요

타인의 시선

무엇이 신경쓰여 우리는 그토록 타인을 의식할까?

생각보다 타인은 우리의 일상에 관심이 없는데.
시기, 질투는 어찌보면 내가 씌운 프레임이 아닐까?

타인은 우리를 시기, 질투 하는 것에 자신의 시간을 쓰
는 것조차 사치라 생각한다.

혹은, 그냥 스치는 가십거리라 생각한다.

자신의 시선이 타인이 아닌 자기 자신에게 머물도록
노력해야 한다.

그게 나를 위해서도 타인을 위해서도 좋은 것이다.

남이 보는 내가 중요한 것이 아니다.
내가 날 인정하고, 먼저 나를 사랑하는 것이 중요하다.

내가 나를 사랑하지 못하는 삶이 지속된다면.
그것만큼 비참하고 아픈 일이 또 어디있을까?

어느 것 하나 특별한 것 없음

감각의 착각

심지어 꿈에서도 난 글을 썼고,
문장을 수정까지 했다.

하지만 7월 2일 컴퓨터를 켰지만.
글이 적혀 있지도 저장되어 있지도 않았다.

이건 기억의 잘못인가?
아님, 한낱 망상이었던가?

가만 보면, 둘 다 아니다.

입력이 그렇게 되었기 때문에.
출력의 결과 값이 도출된 것이다.

난 피곤이라는 입력 값으로.
망상이라는 코드를 출력했다.

현실의 게으름으로, 핑계라는 결과가 출력되었다.
아쉽게도, 난 내가 할 일을 제대로 해내지 못했다.

멀티플레이어

밥을 먹으며 영상을 본다.

음악을 들으며 글을 쓴다.
커피를 마시며 케이크를 먹는다.

웃으며 욕을 하고.
울며 웃는다.

아프지만 운동을 하고.
먹으며 몸무게를 걱정한다.

싫어하지만 만나고,
만나지만 헤어진다.

헤어졌지만 다시 만나고.
정리하면서 어지른다.

난 멀티플레이어다.

〈그대의 이별이 슬퍼도 아프지 않았으면 해요〉

시작이 좋았던 소설의 첫 문장처럼
우리의 사랑도 그럴 줄 알았어

사랑이 가득한 시집의 첫 소절 처럼
우리의 사랑도 그럴 줄 알았어

다 거짓말이야 시작이 좋으면 끝이 좋다는 말
그 말에 속아 따뜻한 사랑의 시작도
좋은 결말로 다가올 줄 알았어

찰나의 기쁨은 슬픔의 전조였던 거야
슬픔의 왈츠에 미소를 띄워 너를 보내
미소에 감춰진 아픔의 눈물을 너는 모르게

힘들지만 그것이 이별을 위해 보내는 마음
보내는 마음은 언제나 위로를 원해

후렴

이별을 고이 접어 보내면 가닿을까
접어 보낸 이별을 다시 주머니에 넣어 숨겨
숨겨둔 이별을 언제나 넌 찾아내더라
하나도 남김없이 날 지우기 위해

공생

식물을 키워보면 안다.
내가 식물을 키우는 것 같지만.

반대로, 식물이 날 키운다는 것을.

식물을 비롯한 생명이 깃든.
모든 생명체는 서로가 서로에게 기대어 산다.

인간 이외의 세상 생명체는 인간을 돌본다.

하지만, 인간은 인간 이외의 생명체를 돌보며 사는지
의문스럽다.

공생은 어쩌면 인간의 망상인 것이다.

상대평가

살아보니 네가 잘난 것도
내가 못난 것도 아니더라.

그냥 우린.
생각이 다를 뿐이었다.

넌 잘난 것에 중점을 둔 것이고,
난 못난 것에 중점을 둔 것이었다.

내가 욕망과 욕심이라고 정의한 것들을

넌 없어서는 안 될 삶의 중요한 목록으로 여겼던 것
이다.

난 그걸 가지지 못해,

내 삶에 허황된 욕망과 과분한 욕심이라고 생각했던
것이다.

그래.

그것이 우릴 비교하게 만들고,
물과 기름 처럼 섞이지 못하게 만들었던 것이다.

신발끈

신발끈이 풀려있다.
출발선에서 신호를 기다리고 있다.

그 찰나 출발신호가 울렸다.

여기서 우리가 해야 할 것은 신발끈이 풀려진
채로 결승선을 향해 달려가야 하는 것인가?

아니면.

신발끈을 고쳐매고, 조금 늦은 출발을 해야 하는 것
인가?

선택은 본인들의 몫이다.

하지만, 달리는 도중. 풀린 신발끈에 반대편 발이 걸
려 넘어지는 것 보단 조금 늦었지만, 신발끈을 질끈
동여매고, 자신만의 레인을 힘차게 박차고 나가는 것
이 좋은 선택 아닐까?

언제나 그것을 생각함으로써

 오늘도 자신의 가치에 따라 무엇인가를 끊임없이 생각한다.

 돈, 섹스, 도박, 알코올 등.
 중독성 강한 것을 생각하는 사람은 거기에 매몰되어 자신을 점점 잃어간다.

 잃어간다는 것. 위험한 것이다.
 태초에 우리가 가지고 있었던 선한 생각과 영혼들이 점점 사그라드는 것이기에 두려운 것이다.

 인간의 탄생과 함께 가졌던 순수한 영혼을 잃어가는 사람이 많을수록 우리의 주변은 범죄에 쉽게 노출된다.

"언제나, 그것을 생각함으로써"
앙토냉 질베르 세르티양주 철학자 성직자_

 인간은 무엇을 생각하느냐에 따라 인생의 방향이 결정된다.

땅을 짚고 일어나기

나태주 시인의 연륜에서 나오는 조언.
"넘어진 자, 다시 땅을 짚고 일어서라."

내가 본 인터뷰의 기억이 맞다면.
아마, 어느 스님과의 대화에서 들은 이야기라고 했다.

이렇듯 우리는 참 많이 넘어지고. 실패하며.
두 발로 다시 걷기를 반복하며, 울며 불며 엄마, 아빠
를 찾았다.

어렸을 때 참 많은 실패와 방황의 시간을 보냈음에도.

늘, 다시 일어나 삶에 열심을 다해 도전했건만.
나이가 들었다며, 너무 나이 타령만 했다.
그러더니 어느 틈에 벌써.
세상에 불평만 늘어놓고 살아버렸다.

이젠, 다시 일어나 걸을 때다.
어쩔 수 없지. 넘어지면 다시 짚고 일어나야지 뭐.

별 수 있나.

어느 것 하나 특별한 것 없음

묵상 그리고 침묵

소음에 갇혀버린 세계.
침묵은 성스럽다.

침묵은 이 세상과 나를 구별시켜주는
경계선 역할도 한다.

침묵이라는 행위를 통해 이제껏 얼마나 더러운
말들로 우리의 몸을 더럽혔는지 깨닫게 된다.

눈에 보이지 않아, 듣고만 있던 더럽고 추악한 말들.

그 독소를 몸속에 얼마나 축적시켜 놓고 살았는지.

며칠의 침묵으로는 정화되지 않는다.

침묵은 곧 정화의 시간이다.
생명은 곧 침묵이다.

즉, 죽음은 끝없는 생명의 침묵인 것이다.

〈느낌 아는 사람〉

단어를 몸으로 느끼는 것
그런 사람이 계절을 맞이하지

여름의 청량함
가을의 흐트러짐
겨울의 고요함

모든 계절을 느낄 수 있는 사람
계절의 교차에 예민한 사람
계절의 반복은 희미해져
무심함 속에서 계절의 바뀜이 아련해져

봄의 푸릇함이 가을의 흔들림으로 다가오는
이별 여행

고요함, 잊혀짐이라는 이불을 덮어
슬픔이라는 감기를 이겨내려 해

후렴

계절이 희미해져 너의 의미도 희미해져
따스했던 봄날의 기온이 너의 기온으로 느껴져
이젠, 내 옆에 없는 너를 떠올려

어느 것 하나 특별한 것 없음

항소문

하물며, 내가 아닌데.

 어찌 그대에게 내가 생각하는대로 생각해 주길 바라리오.

 그대여 어찌 되었건 있는 그대로만이라도 알아주오. 그것이 아니라면 다른 말을 다른 사람에게 옮기지 마시오.

 그대의 말 한마디가 나에겐 큰 상처로 돌아오는 것 같소.

 물론, 진실이야 밝혀지겠지요.

 하지만 아직 날 모르는 사람이 혹은 처음으로 나를 대하는 상대방이 그대의 이야기로 색안경을 끼고 나를 바라본다면.

 나는 많이 슬플 것 같소.
 내가 아무리 진실된다 한들.

 처음 만난 사람의 마음을 얻기에 더 많은 시간이 걸릴 것 같소만.

　이미, 상대방이 나에 대해 좋지 않은 시선으로 나를
바라본다면.

　그대는 어떨 것 같소.

　그러니 서로를 위해 서로가 서로에게 있었던 일들은
서로의 시간과 추억으로 끝내는 것을 부탁드리오.

　그대여 부디, 잘 지내시오.
나 또한 그대를 기억하리다.

　그대의 말 한마디. 그대의 행동.
그대가 만들어 놓은 모든 상황.

　내 기억하리나.
부디, 평온하시오.

감정의 역치

분노가 인간의 인지를 흐릿하게 만들 때.
우리가 그 감정을 그대로 받아들이면.

 결국, 문제가 생긴다. 그와 더불어 야기된 혼란이 우리
를 흔들어 놓는다.

 과연, 참을 수 없는 일이었을까?

 아니면, 참을 수 있는 일이란! 영영 존재하지 않는 것일
까?

 내가 상대방의 행위를 오해하고 있는 것은 아닐까?

 인간관계의 상대성은 언제나 약자와 강자를 양산한다.

 슬프고, 아프면 조금은 나아져야 하는데.

 곪아 버린 고름이 터져 아물고,
그곳에 새살이 자라나야 되는데.

 감정의 아픔은 우리의 고통이 된다.

 이 고통에 눈물이 계속 흘러내린다.
그들이 보지 못한 마음 속 응어리는 더욱 커져.

내 분노의 잔을 차고 넘치게 한다.

그래, 분노의 잔아 차고 넘쳐 흘러라.

흘러가는 분노에 내 슬픔도 사라지게 분노의 불꽃이
활활 타올라 분노의 슬픔과 아픔을 모두 태워 없애버
리게.

그대의 아픔과 상대방의 아픔을.
부어라. 부어라.

끊임없이 부어라.
넘칠 때까지 부어라.

누군가 이피하는 것을 즐기는 그대들이여
언젠간 그대들도 뼈저리게 아픔을 느끼는 날이 올 것
이니.

그때 다른 이의 아픔의 크기를 재어 보아라.

자신의 아픔만 큰 것이라는 오만함이 사라졌을 때.
우리는 비로소 사랑이라는 감정으로 남을 따스히 안
아줄 수 있을 것이다.

일련의 과정

10분 단위의 알람 소리에 눈을 뜬다.

"06:20" 조금더 잘 수 있는 시간이 있다는 것에 감사한 마음이다.

하지만 자리에서 일어나야 한다.
나에게는 일련의 과정들이 있기 때문이다.

그 과정을 지키기 위해서라기 보단 무엇인가 내가 해낼 수 있다는 자존감을 높여주는 만족적인 자아도취라고 해야 할까?

아무튼, 나는 일어나 곰곰이 생각에 잠긴다.

어젯밤 꿈에 나왔던 모든 사람들과 일어났던 상황을 유추해 본다.

어떤 날은 살인도 저질렀다가 또 어떤 날은 다른 사람과의 키스 그리고 섹스를 통해 현실적 일탈을 도모한다.

꿈꾸지 않는 사람은 죽은 것이나 다름 없다는 말을 난 믿는다.

무의식적 뇌 체제 속.

 나 아닌 다른 이를 통해 심어졌던 기억의 뿌리들이 조
금씩 뿌리내린다.

 몽상이라는 현실적 괴리감.
 아주 높은 고차원적 정신 활동.

어느 것 하나 특별한 것 없음

호흡

내가 숨쉬고 있다는 것을 너무 당연시 여겼다.
숨쉬는 활동에 별로 관심을 두지 않았다.

하지만 몸의 이상을 느낀 뒤.
숨쉬는 것에 조금 더 관심을 둔다.
내 몸이 숨을 쉬기 위해.

내 육체 시스템은 그토록 많은 움직임을 인지하지 못하
는 순간에도 자동적으로 자신이 해낼 일을 열심히 해내고
있다.

당연시 여기며, 아무렇지 않게 넘어가는 것은 비단 호흡
뿐만이 아닐 것이다.

무심코 내뱉은 남을 향한 비꼬는 농담 한마디가 비수가
되어 다른 이의 하루를 흔들어 놓는 경우도 허다하다.

의식이 없는 활동에
조금씩 의식을 불어넣어야 하는 이유다.

〈이사〉

 박스의 쾌쾌한 냄새 플라스틱 테이프의 화학적 냄새
가 덧입혀진다.
 죽어있던 사물에 생명이 들어간 순간 박스는 다른 이
의 손에 자신을 내맡겨진다.

 롤러코스터를 탄다. 오르락 내리락. 몰랐던 공간으로
자리를 옮긴다. 흔들리는 차에 몸을 싣고, 어둠 속을
해맨다. 잠잠해진 순간. 한 점을 가만히 응시한다.

 어둠의 공간에서 생각은 흐름을 따르지 않고, 제멋대
로 움직인다. 삐그덕거리는 소리와 함께 한 줄기 빛이
고요의 어둠을 밝힌다.

 텁텁한 장갑의 손길이 날 어르고 달랜다.

 그들의 손에 나를 내맡긴 채 어딘지 모르는 곳으로
날 옮겨놓는다. 빈틈을 차곡차곡 메워가는 동안 나의
마음도 메워져 간다.

후렴

 물질과 함께 공허로 시작된 떠돌이 인생
 설렘과 두려움이 교차되고, 그곳에서 갈길을 잃은
나는 하염없이 서성인다.

기분이 태도가 되는 날도 있는 법

인생을 살다 보면.

긍정적인 태도가 그날 하루의 모든 것을 잘 풀어가게
해 주듯.

부정의 기분이 그날 하루의 모든 것을 혼란스럽게 만
드는 날도 있다.

긍정적인 태도.
부정적인 기분.

이 모호한 경계에서 우리는 하루의 모든 과정을 결과
만으로 해석하려 한다.

기분.
태도.

귀에 걸면 귀걸이.
코에 걸면 코걸이가 아니었던가?

그냥, 아무 생각없이 살아가는 하루가 오히려
태도와 기분이 되는 날도 있다.

삶이 힘든 이유

살다보면. 참 사는 게.
마음처럼 살아지지 않아서 힘든 것보다

삶에 대한 욕심이 허영과 욕망으로 가득 차 있어
만족을 하지 못해 힘들다.

남들이 하는 것
나도 다 하면서 살고 싶은데.

 이게 욕심만큼 다 채워지지 않아서 더 힘든 것 같
다.남들이 코인 투자로 돈을 벌고, 주식으로 돈을 벌
면.

 그 돈이 원래는 나에게 와야 한다고 생각하는 편협한
생각이 삶을 더 힘들게 한다.

 그들이 그렇게 해서 번 돈은 쉽게 번 돈이라 생각하
고, 그 돈으로 자신의 삶을 치장하고 계급 사회의 꼭
대기로 올라가면.

그게 그렇게 부럽고, 내 삶이 한탄스럽다.

어느 것 하나 특별한 것 없음

우리가 서로를 믿을 수 있을까?

"우리가 서로를 믿는 날이 올 것 같아?"

"꼭 믿어야 해?"
"그냥, 쫌 속는 셈 치고 갈 수 없어?"

속는 셈은 어떤 셈인가?

더하기?
빼기?
곱하기?
아니면 나누기?
속으면, 속는 것이고. 믿으면, 믿는 것이지.
이리도 애매한 문장이 어디 있는가?

우리가 우리를 믿지 못하는 사회에서 속는 셈 치고 믿
음과 불신 두 기둥 사이에 줄을 연결하여 줄을 탄다면.

어디까지 나아갈 수 있을까?
나아가는 사람의 도전을 응원해야 하는가?
아니면, 뜯어말려야 하는가?

우리가 서로를 믿는 과정에 셈법을 뺄 수 있는 날이
오기나 할까?

매몰

과거의 기억에 매몰되어
현재의 소중함을 잃지 않길.

아직 내게 오지 않은 미래의 좋은 사람으로 인해.
현재 내 옆에 있는 현재의 사람을 놓치지 말길.

작은 것을 가지려 큰 것을 잃지 말길.

사소해 보이는 말 한마디로
상대방의 분노를 사지 말길.

두려움에 눈이 멀어
앞에 있는 기회를 놓치지 말길.

부디, 주변의 말들에 매몰되어
소중한 시간을 잃지 말길.

제발, 부탁합니다.

불안

공포와는 다른 개념으로 우리 삶에서
언제나 마주칠 수 있는 것이다.

불안을 통해 우리는 성장을 선택할 수도 있고,
포기를 선택할 수도 있다.

자유의지 안에 자신이 선택한 일의 결과는
전적으로 자신에게 있다.

불안, 굴복할 것인가?
극복할 것인가?

불안의 반대말은 평온이 아니다.

불안의 반대말은 실천이다.

우리는 실천하지 않아,
내일과 미래를 불안해하며 산다.

암묵적 규칙

암묵적 규칙
혼돈 속 질서

누구에게나 지킬 수 없는 침묵의 환희.

어느 것 하나 특별한 것 없음

비로소 보이는 것들

고독

관계란 것이 있다.
사랑으로 둘러싸여 늘 포근하다.
따뜻할 것만 같았던 삶.

그 온기가 점점 사그라들 때
고독이란 것이 찾아온다.

고독이 그토록 차갑게 느껴지는 것은
사랑의 온기를 빼앗겼기 때문이다.

 아직도, 난 사랑의 온기를 느끼고 싶은데 그 온기가
어느 순간 온데간데 없이 사라져 버린것이다.

하지만 괜찮다.
고독을 경험했으니.

처음으로 고독이란 감정을 느꼈으니.

그 감정에 내가 관심을 기울이면
어느샌가 사랑의 온기가 와닿겠지.

그렇게 난 고독을 사랑하기로 했다.

소나기

언제 올 지 모르는 소나기를 예보 받는 순간.
긴장을 하며 하루를 시작한다.

'우산을 챙길까?'
'아니야 내가 외부 일을 보는 날에는 소나기가 안 내
릴 거야!'

쓸데없는 것으로 자기 암시를 해본다.

부디, 내가 외부에서 일을 보는 순간에는 비가 오지
않길. 제발, 내 인생의 먹구름도 내 삶에서 만큼은 비
를 내리지 않길.

내 인생은 항상 밝고,
풍요를 만끽할 수 있는 삶이 되길.

우산을 챙기지 않은 하루의 시작.

다행히 비를 맞는 일은 생기지 않았다.
내부에서 일을 볼 때는 소나기와 바람이 무섭게 불었
지만, 내부의 일을 끝내고 밖으로 나오자 신기하게 햇
볕이 얼굴을 비췄다.

오늘 왠지, 좋은 일이 생길 것 같다.

<유년>

어린 시절 우리의 반장은 지금 보단 달랐어
현재의 반장을 절하 평가하는 건 아니야
나이든 꼰대라 욕할 수도 있어

줄어든 초등학교 학생들을 보면 마음이 아파
조금 더 많은 사람 조금 더 많은 관계를 갖지 못해
서글플 뿐이야

줄어든 우정의 크기를 아쉬워하는 선생님
함께 모든 것을 공유 할 수는 없지만
그 시절 우리의 감수성은 초롱초롱 했어

모래성을 쌓아 올려 웃음을 지어보여
눈꽃 속에 파묻여 순수함에 옷을 입혔지

기억하네 우리의 유년을, 멀어지네 우리의 관계가

후렴

돌아갈 수 없다는 것을 알아 예전의 모습으로
되돌릴 수 없다는 것도 알아 우리의 추억으로
그렇게 추억은 어릴적 환희에 눈이 멀어지네

영광

언제나 영광은 그늘 아래 빛을 감추듯 보잘 것 없어
보인다.

어느 것 하나 특별한 것 없음

활동량의 최고치

 국토 대장정의 구보(걷는 활동) 칼로리에 버금가는 걷기를 하고 있는 요즘.

 걷고자 해서 걷는 여유로운, 산책이 아닌.

 일을 하며 움직이는 순수 활동량을 통해서 책정된 걷기의 수준이 약 2만 보를 넘어 3만 보를 달려가고 있다.

 자연스럽게 몸무게는 줄고 있으며 바지의 허리춤이 헐렁해지고 있다. 오랜만에 빠른 걸음으로 이 테이블, 저 테이블을 오고 간다.

 테라스에 있는 손님의 요구 사항까지 확인하고 처리해야 하는 상황. 움직임에 따른 칼로리 소모가 운동을 통한 칼로리 소비보다 높아진 요즘.

 그래도 행복하다.
일할 수 있음에.

 그래서 즐겁다.
다른 사람의 필요를 해결해 줄 수 있음에.

언젠간 나이가 먹어. 걷고 싶어도 마음껏 걷지 못하는 시기가 오겠지.

그 시기에 과거를 한탄하며, 후회하지 않을 수 있는 삶이라 뿌듯하다.

어느 것 하나 특별한 것 없음

휴일의 잠

사람의 피곤은 참 눈치가 없다.

쉴 때는 다른 환경과 경험에서 삶의 색다름을 즐기고
싶다. 하지만 잠이라는 게 일을 하는 시간에는 일 때
문에 잠에 들지 못한다.

휴일의 잠은 일을 하는 시간에 잠들지 못한 보상이랄
까?

그래서 활동량이 없는 시간을 잠으로 채워간다.

휴일은 잠.
내 인생의 대명사가 되었다.

물론, 삶이 고달픈 건 아니다.
삶이 내게 준 건 크로노스의 시간이다.

그 시간을 채워가는 건 내 선택이었을 뿐.

난 휴일에 잠을 몰아 자는 선택을 통해 안도감과 함
께 리셋 버튼을 누른다.

침대 안의 꼼지락거리는 몸과 매트리스가 하나가 되
는 경험.

침대의 매트리스 스프링이 내 척추와 경추를 중력의
마법에서 받쳐주는 원리.

침대는 역시 과학이다.

휴일의 잠도 내 인생에서 과학이다.
과학은 비밀을 객관적으로 해부하는 것이다.

내 삶의 잠을 낱낱이 뜯어보는 과정을 실행에 옮겨보
고 싶다.

잠을 통한 상상.
상상을 통한 꿈속 망루.

봄은 아니지만, 봄같은 날

오월하고도 이십 사일.
작업실이 산 밑에 있는 환경 덕분인지 아직 이곳은
선선하다 못해 이른 아침과 늦은 밤은 쌀쌀하다.

점점 날씨의 개념이 모호해지고,
사계절의 구분이 사라지고 있다.

하지만 이곳만큼은 아직 사계절이 뚜렷하다.

잎이 지고, 새싹이 자라는 모든 과정이 선명한 곳이
랄까?

이곳에 처음 들어와 뚝딱뚝딱 고치고
손본 지도 벌써 4년이 흘렀다.

어머니 지인의 대저택을 리모델링해서 레스토랑,
카페, 로스팅 랩실로 사용하고 있는 요즘.

이곳에 점점 더 애착이 생긴다.

아버지와 함께 공사했던 추억과 아버지가 만들어주
신 여러가지 기물들.

모든 곳에 아버지의 손길이 닿아 더 애착이 가고, 마
음이 쓰인다.

내년이 계약 마지막 해다.
어떻게 될지 모르겠다.

이곳을 계속 지켜가고 싶은 게 내 바람이다.

바람이 이뤄지길 바라며
오늘도 열심을 다해 살아간다.

오늘은 어떤 일들이 일어날지
알지 못하지만.

이곳에서 일어난 일의 즐거움만큼은 늘 확실하다.

 아마도 위와 같은 기분이 내 삶에 활력이 되어 좋은
일들을 계속해서 끌어모을 것이다.

봄은 아니지만 봄같은 포근함이 느껴지는 기분.

아무렴 어때

 일을 진행하는 데에 있어 가장 중요한 요소는 실행할 일
에 큰 기대를 하지 않는 것이다.

'이 일이 정말 잘 돼서 내가 잘 나갈 거야!'
'이 일을 하면 내 인맥이 엄청 좋아지겠지!'

- 기대가 크면, 실망 또한 큰 법!
- 기대가 작으면 작은 성공에도 소소한 행복을
  느끼는 법!
- 기대가 없으면 실패를 했을 때 하나의 경험으로 받아
  들일 수 있는 법!

아무렴 어때!

내가 정직하게 합법적인 일을 시도하는 건

누군가의 눈치
누군가의 조언
누군가의 영향 없이

온전히 모든 상황을 받아들일 준비만 하고 있으면 된다.
내가 하는 일에 내가 떳떳한데!

누가 나에게 무엇이라고 한들 무슨 상관인가!
날 향해 좋지 않은 말들로 괴롭히는 사람들에게 속으
로 차분하게

"너. 나. 잘. 하. 세. 요.!"라고 말해주면 된다.
내가 내 인생 산다는데, 왜 그리 남 눈치를 보는지.

법에도
"개인 취향 존중법"이라는 것이 있지 않던가!

우리의 취향은 마땅히 존중받고
남의 취향도 마땅히 존중해야 한다.

아무렴 어때!
어차피 한 번 사는 인생!

내가 생각했을 때 옳은 일이면 일단 *킵 고잉 하자!

*keep going

계속해서 살아간다.
견디며 힘들거나 고통스러운 일을 해낸다.

어느 것 하나 특별한 것 없음

〈모닝커피〉

달콤 쌉싸름 커피 한 잔에 하늘 위 걸쳐 있는 몽실구
름 한 스푼 커피 잔 위에 올려놓아

포근한 느낌 지저귀는 새소리에 귀을 기울여 푸르른
소나무잎 잔에 담아보네

코 끝 간지럽히는 향이 피어오르고
기분을 화창하게 만드는 커피 한 잔과 사진 한 장
욕심을 부리는 것도 아니야
커피향에 담긴 추억들을 떠올려

소소한 발걸음에 괜스레 미소가 떠올라
하늘 구름과 함께 걷는 기분

후렴

기분을 살랑거리며 간지럽히는 커피 향이면
행복해 오늘의 기분도 만족해 하루를 행복으로
채워가 아침 향기 스미는 마음 속 깊은 행복

Nothing Seems Nothing Special

<먹구름>

이른 새벽이라고 생각했어
시선은 어느덧 아침 열시
날은 어둡고 차갑기만 해

벌써 아침이 사라져가고 있어
분명 해가 떠있어야 할 시간에
해는 자신을 감춰버렸어

어둠에게 자신의 자리를 내어주고
구름을 커텐삼아 뒤에 숨어 무엇을 하는걸까?

하늘의 심술일까?
어둠에 감춰진 빛을 찾으려 오늘도 서성이어

정처 없이 서성이다 잠시 멈춰 하늘을 올려보아
심드렁한 하늘은 언제 그랬냐 찬란한 빛을 비춰

후렴

하늘의 장난일까? 우리의 바람일까 장난 가득한
하늘은 언제나 재미삼아 빛을 감추지 실망도
잠시 마음에 빛을 비추는 빛에 마음을 비추네

인정받지 않을 용기

"응 나 어제 OOO선생님께 칭찬받았어!"
"선생님이 나 OOO 잘한다고 칭찬해 주셨어!!"
"OOO 교수님이 OOO을 아주 높게 평가하네!."
"OOO 상무가 OOO대리를 데려오고 싶어하더군."

삶을 살아가는 방법 중.

성공의 법칙은 많이 나서며 인정받고,
많은 사람의 추천을 받아야 하는 법칙이 있다.

쉽지도 않지만,
위의 모든 것이 능력만 있다고 되는 것도 아니다.

능력, 자본, 인맥, 외적 요소, 사회적 강자의 표를 받
을 수 있는 아부.

인정의 개념이 퇴색된 요즘.

사회적 계급, 소위 말하는 피라미드 위에 있는 사람
이 피라미드 아래에 있는 사람에게 줄 수 있는 것이
인정인가?

인정.

1. 인간이 가지고 있는 본래의 감정이나 마음 속 심정.
2. 남에게 관심을 주는 따뜻한 마음.
3. 지구를 살아가는 인간들의 마음

우리가 앞으로 받아야 할 인정은 지위에 따른 상하 복종적 인정이 아닌 인간이 인간에게 줄 수 있는 사랑과 배려, 이해에서 오는 인정이다.

대가를 바라고 주는 인정 따위는 이제 인정으로 정의하지도 말자.

그러니 다른 이에게 인정을 구걸하지 않아도 된다. 기브엔 테이크시 인정 따위는 걷어 차버리자

인간 본연의 마음에서 우러나오는 정직한 인정이 주변을 더 평온하게 한다.

오늘 내 이야기 진정으로 인!정!

OK

의도치 않은 만남

 구출한 고양이가 어느 정도 성장을 하고, 바깥 구경
을 해도 될 만큼의 건강 상태가 되었을 즈음.

 작업실 테라스 공간으로 함께 나들이를 나왔다.
 테라스는 인조잔디가 깔려 있지만, 테라스 밖은 자연
의 덩굴로 뒤덮여 있었다.

 새끼 고양이와 강아지가 탐색을 하고, 뛰놀 수 있는
환경으로 충분했다.

 그들이 냄새를 맡고, 영역 표시도 하면서 자신이 속해
있는 장소라는 곳을 열심히 검증하고 다닐 때.

 구출한 고양이가 내 시야에서 사라졌다.
 분명, 방금까지 시야에서 움직였는데.

 구출한 고양이를 다시 야생으로 보낸 건 아닌지 걱정
이 들기 시작했다.

 "사람 손을 탄 고양이는 야생에서 자라기 힘들다."는
이야기를 들었던 터라. 덜컥, 겁이 났다.

 고양이의 행방을 가슴조리며 찾고 있었다.

 십여분의 시간이 지나갈 때 즈음.
 앙증맞은 귀여운 움직임이 내 눈에 포착되었다.

야외 피아노가 비에 젖지 않게 가려둔 텐트 밑에서 고양이의 꼬리가 살랑거리고 있었다.

"찾았다."는 안도감과 텐트 안으로 손을 넣었을 때 느껴지는 고양이 특유의 보슬보슬한 털의 감촉이 손 끝에서 느껴졌다.

텐트를 걷어 올린 뒤 새끼 고양이를 낚아챈 순간.

구출한 새끼 고양이의 몸에 있는 얼룩과 특유의 꼬리 말림이 똑같은 장성한 고양이를 마주했다.

그렇다.

마주한 고양이는 구출한 새끼 고양이의 부모가 틀림 없었다.

'본능적으로 새끼 고양이는 자신의 부모를 찾아 간 것일까?'

아니면 우연치 않게 아늑한 공간을 찾아 들어갔는데 자신을 낳아준 부모를 만난 것일까?

짧은 만남이었지만 서로가 서로를 몰라봤던 순간.

어느 것 하나 특별한 것 없음

　고양이의 부모에게 구출한 새끼 고양이를 가까이 가
져가 보았지만.

　사람 때문인지, 아니면 인간의 손을 탄 고양이라 그
런지.

　경계만 하다 아무 관심도 보이지 않고 느긋하게 사라
졌다.

　구출한 고양이의 부모.

　시간이 흘러 간혹 고양이 부모를 한번씩 보는데 잘
지내고 있는 듯하다.

키보드 위의 고양이

커서의 움직임에 반응을 보이고 내 엄지와 검지를 아직 다 자라지 않은 유치로 앙앙 깨문다.

내가 내 기분을 좋지 않게 적으려 하거나 남을 비방하는 글을 쓰려 하면 이상하리만큼 더 깨문다.

분명 기분 탓일 것이다.
그렇게라도 정서적 안정을 찾고 싶었을 것이다.

우리는 남에게 당한 내용을 글로 옮기려 할 때 무척이나 예민하다.

내가 알고 지내는 사람이 그리 많지 않아 주변만을 지칭하는 테두리 안의 우리가 그나마 결이 같아서 다행이다.

스치듯 지나가는 관계 속 너무 많은 상처와 분노를 일으키는 일들이 많은 요즘.

선택한 단어와 문장이 조금 과격해진다.

그럴 때마다 날 잡아주는 다양한 관계에 감사함을 느낀다.

어느 것 하나 특별한 것 없음

님아 그 선을 넘지 마시오

 누군가에게 멈춤 선을 의미하는 선이 누군가에게는
출발선이 되기도 한다.

 요즘 나오는 심리에 관한 인간관계 에세이 책들을 보
면, 내 판단과 기준에서 상대방의 행동이 잘못 됐다면
손절하라 말한다.

 틀린 말은 아니다.

 하지만, 어찌 상대방의 모든 행동을 내 판단과 기준
으로만 평가할 수 있겠는가.

 내 안위와 내 평안을 위해 상대방의 의중은 안중에도
없다.

 상대방을 삶에서 도려낸다고 한들.
그것이 인생에서 좋은 결정일까?

과연 내가 그어놓은 선이
상대방으로 하여금 올바른 선이었는지.

 상대방도 그 선을 인지하고 있었는지가 중요하지 않
을까?

 혼자만의 편협한 생각과 환경에 휩쓸린 순간적 감정
으로 본인이 정해놓은 선들만 난무하는 요즘.

무작정 마음에 들지 않는다고 개인의 가치관과 다르다고 해서 상대방이 옳지 못한 것은 아닌데. (물론 범죄나, 사회적 규범을 어긴 사람은 잘못된 것이다.)

무조건 자신의 생각과 개인이 정해 놓은 선 혹은 잣대로 상대방의 행동을 평가할 순 없다.

자신의 생각과 선이 있는 만큼 상대방도 정해놓은 선이 있을 것이다.

이러한 선들이 촘촘하게 엮여 관계라는 그물망을 만든다. 이 선들 중 몇 개의 선을 제거해도 티 나지 않는다. 하지만 소멸되는 선들이 많아지면 애써 만들어 놓은 그물망에 구멍이 생긴다.

그물 안에 구멍이 생기면, 힘겹게 버티고 있던 소중한 관계의 시간과 추억들이 송두리째 빠져나가 후회라는 더 큰 구멍을 만들게 된다.

시대적 사상으로 믿었던 과학적 사실도 시대가 변하면 오류로 밝혀져 정정된다.

우주에서 내려다 보면, 하나의 점으로도 보이지 않는 한낱 생명체에 불과한 인간이 세상의 옳고, 그름을 판가름하여 모든 관계를 무분별하게 재단해도 되는 것일까?

과학처럼 새로운 사실이 밝혀져 정정할 수 없는 복잡한 인간의 감정은 한 번 정의내리면, 여간 바꾸는 게 쉽지 않다.

선을 정하는 것은 본인의 마음이지만 그 선으로 상대방을 평가하는 것은 쉽게 결론 내려서는 안된다.

가만 보면, 애초에 인간들의 특이한 무리 생활 내에서 만들어 놓은 문명이라 불리우는 역사라는 틀이 맹점을 가지고 있는 것이다.

선이라는 구분과 구획이라는 잣대로 자신들의 영역을 나누어 그곳을 독점하려는 욕망으로 얼룩진 사회.

그것이 인류 아닌가?

지구라는 둥근 세상에서 앞으로 자꾸 걸어 나가면 다시 만나게 되어 있는데.

끝이 정해져 있지 않은 우주라는 광대한 시공간 속 지구라는 공간을 보고 있으면, 인간이라는 생명체는 작은 원소들의 집합체로 정의된다.

조금 더 배려하며, 이해하고 살아가면 좋을텐데. 왜 이렇게 복잡하고 어려운지.

오늘도 보이지 않는 서로의 선을 정해 놓은 뒤.

 상대방의 단어와 문장에 촉을 세우며 언제든 분노하
려 준비중에 있다.

"어 조금 더 넘어오면 위험해!"
"너 지금 내가 정해놓은 선을 넘으려 하고 있어!"
"조심해 이녀석아!"

나는 오늘도 운전을 하며, 내가 정해 놓은 선을 넘은
사람들에게 분노의 감정을 쏟아내고 말았다.

나조차도 변하지 못하는데
어찌 남이 바뀌길 바라겠는가.

결국, 나부터 변화되어야 한다.

〈기름 같은 존재〉

똑부러지게 잘하든지 아니면 남의 동정을 받기 위해
못하든지 둘 중 하나만 해

 어중간하게 잘하면, 잘나가는 사람에게 견제를 못하
는 사람들 무리에선

 시기, 질투를 받게 되는 곳이 사회야 그걸 알고 있어
알면서도 잘해내기 힘들어

그 어디에도 섞이지 못한 존재가 바로 나야
그 어디에도 섞이지 못하는 물 위의 기름같은 존재가
바로 나야

날것 그대로 존재하는 생명체의 꿈틀거림
목줄이라도 채워 날 인도해 줄래?
그렇지 않으면 언제 내가 널 물지 모르니까?

후렴

주체하지 못한 무의식 속 유랑 흐르지 않으면
섞여 버릴 기름 같은 존재 그게 바로 나야

뗏목

흐르는 강물을 거스를 순
없지만 그대여 가라앉지
말게나 어떻게든
떠있어야 해

어떤 풍파에도
가라앉지 않는 저

뗏목처럼

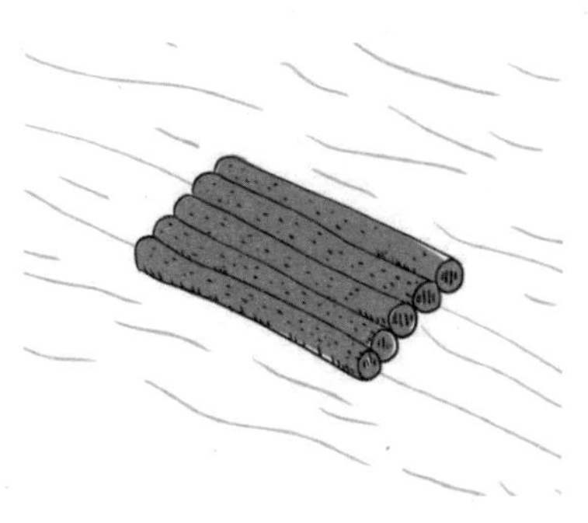

시간은 흐르는 것일까?

 인간의 가장 큰 능력은 모든 걸 처음부터 다시 시작
하는 능력이 아닐까?

 '오늘은 어제가 지난 새로운 1일이니까 다시 시작하
자!'

 '이번 주는 저번 주에 실행하지 못한 일들을 새로이
시작해보자!'

 '저번 달에 못한 다이어트를 이번 달에는 시작해야
지!'

 "시작.", "시작,"
 "시작!", "시작?!", "시작?", "시작...".

 시작만 되풀이하다 끝난 모든 일의 처음.
 그리고 다시 시작.

 계획으로 진행된 모든 일들이 제대로 시작되어 이어
져 갔어도.

 현재의 삶이 이전보다 더 나아졌을까?

 if라는 단어가 "만약"이라는 뜻을 내포하고 있지
 "아마".

만약,

내가 하루에 영단어 1개씩만 제대로 꾸준히 외웠어도.

난 지금 외국인 친구와 끊임 없이 대화를 나눌 수 있었 겠지?

만약,

내가 복리의 효과를 알고 100원씩 꾸준히 늘려가며 저 축을 했다면.

아파트 대출에 조금은 보탬이 되는 금액을 모았겠지?

민약,

내가 삼성전자 주식을 2000년도에만 매수하여 소액주 주로 지금까지 투자를 했다면.

현재 그 가치는 10배가 되어 있겠지?

"만약, 만약, 만약"
만약이라는 마약은 끊으려 해도 끊어지지 않는다.

만약, 내가 ...

어느 것 하나 특별한 것 없음

실수

전 세계에서 제일 많이 판매되고 보급된 인쇄책 성경. 이 성경도 초창기에 오타로 인해 많은 이들의 믿음에 혼란을 야기 시켰다.

"〈출애굽기〉 제20장 14절
'Thou shalt not commit adultery'에서 not을 빠트리는 바람에 '간음하지 마라'가 '간음하라'로 둔갑해 '부도덕성 성서Wicked Bible'라는 별칭이 붙은 1631년판의 흠정역성서〈欽定譯聖書〉 대표적인 사례다.

_더퀘스트. 신호와 소음 48p 발췌

종교의 불완전성을 말하는게 아니다.
인간이 불완전한 존재라는 것이다.

누구나 실수를 하고, 수정해가며 옳은 길이 무엇인지 찾아간다. 물론 그렇지 않은 사람도 있지만 실수를 통해 포기하지 않고, 성장해가는 사람은 충분히 존중받을만하다.

부족

부족을 느낀다는 건

채울 것이 있다는 것이다.
가득 찬 창고는 더이상 물건을 채울 수 없다.

부족을 통해

내가 채워야 하는 것들이 무엇인지
돌아보고, 더 가치 있는 것들로 채우면 된다.

부족은 만족으로 가는 과정일 뿐이다.

소소한 선물

"OOO을 위해 작은 선물을 준비했어요!"
이 한마디면 더할 나위 없는 축복된 시간에 놓인다.

〈놓인다.〉

 1. 걱정이나 근심, 긴장 따위가 사라지거나 풀리다.
    '놓다'의 피동사.
 2. 물체가 일정한 곳에 두어지다. '놓다'의 피동사.
 3. 일정한 곳에 기계나 장치, 구조물 따위가
    설치되다. '놓다'의 피동사.

난 1번 해석이 좋다.

"걱정이나 근심, 긴장 따위가 사라지거나 풀리다."

난 많은 걱정에 갇혀 산다.
분기마다 설정되어 있는 자동이체 설정 알람.

"잔고가 부족하여, 연체 되었습니다."

돈에 갇히고, 인간관계에 갇힌다.
돌아보면, 모든 것은 내 선택이었다.

할부, 일시불, 자동이체 설정일.
모든 게 그 순간, 하나의 선택을 강요했다.

 물론, 그 순간에 놓이게 한 내 선택의 결과값을 무시할
순 없다.

그래도, 과소비는 아니었는데.
분명 필요했고, 해야만 했던 선택이었는데.

과거의 선택이 내 발목, 아니 내 돈줄을 잡고 말았다.
하지만, 걱정이 가득한 머릿속 시야가 아득해지려 할 때.
손님이 선물해준 꽃다발 선물이 시야에 들어왔다.

걱정에 놓여,
불안에 갇히는 것도

소소한 선물에 시선이 놓여,
마음을 놓는 것도

무엇을 선택하는냐에 달려있다.

우리는 무엇을 먹는가?

식사를 한다. 먹고 싶은 것으로
하지만 메뉴를 골라 입으로 넣는 과정은 어렵다.

맵고, 짜고, 달고, 쓰고, 모든 맛이 입 안을 혼란스럽
게 한다.

무엇을 맛있다고 하는지.
무엇을 맛없다고 하는지.

음식을 먹는 사람의 기분.
음식을 만든 사람의 기분.

감정에 따라 같은 음식도 달라진다.

우리는 무엇을 먹는가?
우리는 물질을 먹는가?
우리는 감정을 먹는가?

먹는 것이 이토록 어렵다는 것.

아직 배가 고프지 않다는 것이겠지.
아직 굶어 보지 않았다는 것이겠지.

슬픔

두려움과 괴로움이 교차한다.

마음이 답답해 숨이 차올라
큰 한숨으로 호흡을 되돌려 보지만
계속되는 숨의 교착상태에
하염없이 눈물이 흐른다.

고통이 수반되지만
고통의 시작이
어디서 어떻게 형성되었는지
알지 못하는 혼란.

계속 전이되는 감정은
걷잡을 수 없이 퍼져 주위를 잠식한다.

헤아려 보려 해도 헤아려지지 않는
주체할 수 없는 복받침.

뒷모습에서 느껴지는 흐느낌
기어이 함께 눈물을 쏟아낸다.

어느 것 하나 특별한 것 없음

〈암전〉

빛이 사라지는 것
두려움에 더듬거리며 빛을 갈망한다.

갈망의 절규에 빛은 소스라치게 놀라 소멸된다.
빛이 소멸된 침묵의 시간 내면의 빛을 찾아 나선다.

내면의 빛을 찾으려는 간절함이 닿았다.
빛은 언제 소멸했냐는 듯 서서히 형체를 나타낸다.
어두움이 빛 속으로 소멸된다.

빛과 어둠은 서로의 영역을 반복한다.

내가 너의 몸과 마음을 사유하듯
그들이 서로를 사유한다.

후렴

어두움이 빛을 안을 때 그림자가 드리운다.
빛이 어두움을 안을 때 그곳에 무지개가
피어오른다.

그날의 기분

감정의 기복이 심한 날은 주위 사람들을 힘들게 한다. 괜히 예민해지고 그냥 넘어갈 수 있는 사소한 일들에 대해 짜증을 낸다.

내 기분을 알아달라는 억지가 상대를 힘들게 한다. 감정을 숨기고 좋은 기분으로 변해야 하는 순간에도 난, 있는 그대로의 기분을 내비친다. 단점이다.

단점을 알고 있으면서도 쉽게 고치지 못하는 건 내가 그만큼 남을 배려하지 않는다는 것이다.

배려 한다는 것은 참으로 어렵고 힘든 일이다.
언제까지 이런 악순환으로 계속해서 주의를 힘들게 할 수는 없다.

오늘이 13분 남아 있는 23:47분
방금 48분으로 분침이 옮겨 갔다.

오늘의 기분은 오늘로 정리하고 내일의 기분은 오늘보다 조금 더 밝고 선(善)해야겠다. 나를 아끼고 사랑하는 주변을 위해서라도 그래야만 한다.

내가 변하지 않으면, 주변도 변하지 않는다.

새로운 순간

걱정에 묻혀 생각의 회로가 과부하가 걸린
하루의 시작이었지만.

뜻하지 않은 작은 선물로 회로의 안정화를
찾은 하루의 마지막.

늘 그렇듯 반복 하지만
늘 그렇듯 새로운 순간이다.

늦은 후회를 바로잡는 법

인생을 살다 보면 생각지도 못한 곳에서 깨달음을 얻는 경우가 있다.

어찌 보면 21일 오늘이 그런 날이다.

21일 하루가 지난 20일의 일기를 적고 있는 순간. 예전 같았으면 여기서 모든 게 끝났을 것이다.

하지만 자기반성 뒤 깜빡하고 적지 않았던 어제의 다짐을 새벽에 적는 이유다. 자기 자신과의 약속을 계속 지켜나가고 싶기 때문이다.

흐지부지 흐트러져버린 예전의 모든 일들이 내일의 발목을 잡지 않도록.

쓸데없는 죄책감의 굴레에서 자신의 목표가 갇히지 않도록.

난 끝내 해낼 것이다.

늦은 후회를 하지 않고 최대한 할 수 있는 일을 해내기 위해.

"포기" 보다는 "시도"를 해본다.

혼돈의 선택 장애

무엇이 이루어지기 전에 내가 먼저 선택한 일에 대한
책임의 무게를 계산한다.

'내가 감당할 수 있는 일인가?'
'이 선택의 실패는 과연 어떤 일을 불러들이는가?'
'무모한 선택이었는가?'
'가망성이 없는 일인가?'

'나의 욕심으로 시야가 흐려지진 않았는가?'

'이 일을 하는 데에 비용과 시간은 얼마나 걸릴 것 같
은가?'

'현 상황에서 내가 이 일을 통해 해내고자 하는 것이
인생에 중요한가?'

'성공할 수 있는가?'

이렇게 보니

하지 말아야 할 핑곗거리를 나열한 질문인 것 같다.
그렇게 난 오늘도 충동적인 꿈 하나를 지워간다.

미련은 따라오는 게 아니라
두려움에 핑곗거리를 제공한다.

빌어먹을

나라는 인간은 너무 생각이 많고, 겁이 많다.
그래서 늘 어제와 오늘이 다르다.

서로를 위하지만 가끔은 거리를 둡니다

〈지금 여기 힘든 자들과 함께 계신다〉

두려움이 나의 눈 앞을 가릴 때
더 이상 한 발짝도 앞으로 나아갈 길이 없을 때 우리
는 그를 생각한다.

그의 손길은 언제나 포근하고 따뜻해
그래서 힘을 내어 우리는 품에 한 발짝 더
가까이 다가가기 위해 노력하지

흔들림 없는 그대의 보호하심 속
삶의 굴레와 두려움을 벗어버리고

사랑의 길을 동행하려 하지

동행의 길은 인내와 고난을 수반해
하지만 그분의 한없는 사랑이 날 살아내게 하지

후렴

혼자라 느껴질 때 그분의 임재를 느끼고
그 임재 안에 나의 삶의 짐 놓아버리네
고통과 슬픔 모두 사그라들어
사랑으로 충만하네

SUNDAY

어느 것 하나 특별한 것 없음

월요일의 무게가 점점 늘어나는 시간체계.
출근 압박이 가슴을 조여오는 답답함.

분명, SUNDAY지만 이미 MONDAY를 경험하고 있
는 심리상태.

잠들었지만
이미 기상을 한 것 같은 수면상태.

고독의 역치는 각기 다르다

내가 외롭다고 남이 외로운게 아니며
남이 외롭다고 내가 외로운 것도 아니다.

함께 있다고 외롭지 않은 것은 아니고
혼자 있다고 꼭 외로운 것도 아니다.

손을 마주잡고 있다고 외롭지 않은 것도 아니고.
사람을 잃었다고 꼭 슬퍼지는 것도 아니다.

아니다.
아니다.

내가 생각한 모든 것은 아니다.
너의 생각 또한 아니다.

우리는 모두가 아닌 세상에서 옳고 그름만을 찾고
옳은 것만이 모두 정답인 것처럼 살아왔다.

아니다.
아니다.

내가 생각한 모든 것이 옳은 것이 아니며
네가 생각한 모든 것이 옳은 것이 아니다.

아니다.
우린 모두 아니다.

안에서 우러나오는 모든 것이 결코 좋을 리 없다.

안에서 곪아 썩어지는 것들이
결코 좋은 힘을 낼 리 없다.

우리는 아니다.
우리는 곪았다.

우리는 썩었다.

잠언 4:6

지혜를 버리지 말라 그가 너를 보호하리라.
그를 사랑하라 그가 너를 지키리라.
잠언 4:6

세상에 기댈 것이 없다고 한탄만 한 내 삶에 불현듯 떠오른 말씀.

지혜의 시작은 혼자서 해낼 수 있는 일들이 많다고 생각했던 오만함의 절벽에서 밧줄 없이 자신을 떨어트리는 순간 일어난다.

지혜라는 낙하산이 날 붙들어 준다. 덧없음을 인식하고, 모든 삶이 헛되고 헛되어 모든 게 지나고 나면 덧없음에 감사한 마음이 든다.

이전 것은 지나갔으니 보라 새것이 되었도다.

고린도후서 5:17

온순해진다는 것

"성질 많이 죽었네."
"그래, 이제 좀 대화가 통하네."
"야! 이렇게 착한 얘가 예전에는 왜 그랬어?"

음. 뭐랄까.
난 착해진 것도 성질을 죽인 것도 아니다.
대화를 통하게 하는 무언가를 한 적도 없다.

난 그저. 예전보다 많이 들으려 하며.
예전보다 말을 줄이고.
예전보다 조금 더 인내하고 있을 뿐이다.

 이게 온순해지는 과정이라면 난 그 과정 한 중간에
있다. 아직도 속에서 화가 나면 말을 끊고, 내 생각을
말하고 싶다.

 듣고 있다가 불쑥 내가 생각한 옳은 방향을 알려주고
싶다.

 사람의 퇴화 과정이 이리도 비참하다니.
난. 조금도 온화해지지 않았다.

내 기분은 그게 아니야

편안한 말투가 존댓말로 바뀌고
그런 뜻이 아니지만 사소한 단어와 문장 하나에
미간이 찌푸려져

다른 사람 앞이라면 충분히 숨길 수 있는 얼굴 표정과
감정이지만.

굳이 너의 앞에서 숨기고 싶지는 않다.

내 기분은 그게 아니니까.
내 표정을 숨기며, 기분이 좋지 않은데 좋은 척을 하
면서까지 너의 감정을 챙기고 싶지 않은 상황까지 와
버렸다.

이유가 무엇이냐고 내게 묻지만.

그 물음에 내가 할 수 있는 답변이 없어서
그게 나를 더 힘들게 하는 것인지도 모른다.

다가가고 싶지도.
좋지 않은 감정을 풀고 싶지도 않다.

이젠, 굳이 흘러가는 사람에게 내 감정을 전해주고 싶
지 않다.

⟨사는게 시원찮아 잔잔하게 흘러가는 것이 인생이다.⟩

하천의 물줄기처럼 끊길 듯 끊기지 않아
졸졸 흐른다

어느 순간 강이라는 줄기를 만난 합류한다
합류한 강의 굵은 줄기에 감탄한다
지평선 넘어 광활한 바다를 보며 경의를 표한다

희열을 느끼는 순간도 잠시
수증기 되어 연기로 하늘을 오른다

죽음이다
죽음의 흐름을 거스를 수 있는 사람이 몇이나
되겠는가?

실려고 하는 욕심도, 죽으려 하는 근심도
모두 같은 욕망인 것을

모든 것이 욕심 없노라 자신을 내비쳐도
어느 순간 욕심과 마주하게 된다.

후렴

물길을 거슬러 올라가려 하지 말자 죽음을 마주 하기
위해 물길을 거슬러 올라가는 일은 부질없다.

어느 것 하나 특별한 것 없음

〈PRESENT〉

이 바보야 오늘도 과거에 얽매여 두려워하고 있니?

 이 바보야 오늘도 미래에 대한 불확실에 삶을 포기
하고있지?

 그러면서 오늘이 주는 선물을 제대로 개봉해 보지 않
고 신세한탄만 하고 있네

PRESENT 선물이라는 뜻이야
동시에 오늘을 뜻하지 그래서 현재 소중해

미래에 겁이나 오늘을 그렇게 놓칠 거야?
과거의 실수가 무서워 오늘을 버릴 거야?

어차피 모든 것은 현재라는 시간을 통과해
그러니 제발 오늘을 살아 오늘만 생각해

후렴

오늘이 지나 과거가 되네
오늘을 지나 미래에 도착하지
언제나 우리는 오늘을 살아야 해
오늘이 없는 이에게는 과거와 미래는 없지

Nothing Seems Nothing Special

현재만을 바라보기

 시간적 의미를 통해 과거에 묶여 있는 생각의 굴레를
벗어야 한다.

 모든 문제의 시작은 이미 일어난 일에 파묻혀 현재를
인식하지 못하는 것에 있다.

 과거의 시간에 매몰되어 우리의 생각은 과거에서 미
래로 건너 뛰어 버린다. 현재에 머물지 못하고 과거와
미래만 왔다갔다 한다.

 그렇게 현재의 가치를 훼손하며
지금 이 순간을 마주할 용기는 없는 것이다.

 현재는 정체되지도 고여있지도 않고 매 순간 변한다.

 변화에 집중할수록 삶은 더 평온해질 것이며, 안정될
것이다.

 현재를 온전히 느낄 수 있는 시간.
현재에 머물러 존재 가치를 부여할 때.

 우리는 고통의 늪에서 빠져나올 수 있다.

이토록 잔망스러운

"은, 는, 이, 가, 의, 하지만, 그리고."
"이런 것들 좀 빼, 글이 번잡하잖아."
"아니, 단락은 쫌 끊어서 쓰라고. 문장이 길면 눈에 안 들어온다고!"

행복하다.
나의 아내가 나의 글을 읽고 수정해준다는 게.
와이프는 가냘프지만 똑 부러진 성격의 소유자다.
오히려, 잔망스러운 것은 나다.

〈잔망스럽다.〉
1. 보기에 몹시 약하고 가냘픈 데가 있다.
2. 보기에 태도나 행동이 자질구레하고 가벼운 데가 있다.
3. 얄밉도록 맹랑한 데가 있다.

3번의 뜻풀이는 왠지 이질감이 든다.

가벼운데 독심 가득한 앙칼진 황금 독 다트 개구리 같다.

5cm의 작은 몸에서 3분 만에 열명의 사람을 죽일 수 있는 독을 가지고 있다. 잔망스럽다. 잔망스럽다. 보기에도 약하고 가냘픈 충고가 글을 쓰게 하는 원동력이다. 죽지 않을 정도로 독한 그대의 말이 날 더욱 더 강하게 만든다.

독설의 다른 말은 아마도, 사랑이 아닐까?
안을 들여다보면 사랑이 보이는 그런 선물 같은 독설.

창살

어느 것 하나 특별한 것 없음

보이지 않는 창살에 갇혀 있는 사람은 상대방이 아닌
나라는 것을 깨달았다.

그토록 많은 상대방에게 나의 감옥에 들어오라 애원
했다는 것도 결국 나였음을.

결국, 난 혼자였다.

벌써, 유월의 마지막

 1일 1글을 기록한 지 48일 정도 되어가는 것 같다. 물론 그날의 글을 모두 그날에 끝낸 것은 아니다.

 완벽을 추구로 핑계를 삼으며 글을 멈췄다면 난 아무것도 해내지 못했을 것이다.

 나와의 약속에서, 조금은 엄격한 잣대를 재는 것이 맞지만.

 나와의 약속에서, 내가 날 봐주지 않고 처해진 상황을 이해해 주지 않으면 누가 날 봐주고 이해해 주겠는가.

 모든 계획을 성실히 잘 해내고 싶은 게 욕심이다.

 욕심이라는 표현을 쓴 이유는 우리 모두가 완벽하지 못하기 때문이다. 물론 철두철미해서 자신에게 채찍질을 해가며, 자신의 계획과 목표를 이루는 이들도 있다. 그러나 그들이 그렇게 자신의 꿈을 이뤄냈다고 해서.

 굳이 나까지 그런 계획과 목표로 그들의 꿈을 선망하는 것이 맞는지 모르겠다.

 모두가 자신의 기준점으로 사람을 단정짓고 다른 이의 삶을 정죄한다면 모두가 미쳐버릴 것이다.

내가 이해하지 못한 부분을 강요하고 권력과 자본을
가진 자가 모든 것을 자기 뜻에 맞추려고 한다면.

그리스 신화에 나오는 프로크루스테스처럼 자신의
침대에 눕힌 뒤 크기에 맞지 않는 모든 인간을 처참하
게 늘리고, 줄인 것과 다를 것이 무엇인가.

그 침대에서 살아남은 생명체는 단 한명뿐이다.

그 한 명은 바로 프로크루스테스 자신이다.

자신 이외에 다른 모든 이들은 처참하게 죽어갔다.
물론 현재도 위와 같은 행위들이 다른 방법으로 행해
지고 있다.

자신의 가치관을 주입하며, 그것을 따르지 잃는 이들
을 정죄하고 호도하는 언론매체.

자신의 정치 색깔과 다른 이들을 프레임에 씌워 범죄
자 취급하는 양극단의 정치 세력들.

당사자의 말은 들어보지도 않고, 다른 이들이 수근대
는 이야기가 마치 진짜인 양 그 말을 가십거리로 전달
하는 사람들. 그 말에 상처를 받고 죽음을 택하는 유
명인들. 다른 이의 눈에 보이지 않는다고 댓글로 사람
을 죽이는 악성 댓글 유포자들.

프로크루스테스는 신화에만 나오는 이야기가 아닌 것 같다.

프로크루스테스는 인간의 탈을 쓰고, 현 시대를 활보하고 다닌다. 어쩌면 신화에 나오는 시대보다 현시대가 자신의 침대를 여러 형태로 바꾸어 살인하기 좋은 시대라고 뒤에서 웃고 있을 지도 모른다.

점점, 첨단 장비와 디지털화라는 프레임 속 사람의 육체는 더 나약해지고 정신은 피폐해져만 간다.

이런 매체에 익숙한 젊은이들은 외부의 작은 충격에도 쉽게 부러진다, 충동적으로 자신의 삶을 스스로 끝내버린다. 너무 쉽게 동화되고, 너무 쉽게 매체를 믿는다.

생각의 깊이는 점점 얕아지고, 마음만 먹으면 자극적인 영상매체를 쉽게 구할 수 있다. 자극에 노출된 아이들은 더 큰 자극, 더 충격적인 영상에 자신을 노출시킨다.

그리고 그것들을 따라 한다.
그 뒤 자신은 그런 건지 몰랐다고.

난 아직 어리다는 이유로 법망을 피해 간다.

어른은 점점 나이가 먹어가면서, 빠르게 변하는 디지털 세상 속에서 어른이(사회적 나이는 많지만, 디지털 매체 혹은 빠르게 변화하는 시대의 체제를 따라가지 못하는 사람)가 되어간다.

"난 이런 거 못해"
"난 이런 거 안 배웠으니까 못해"
"어린 너희들이 와서 좀 해주라."

실질적 경제 수준은 어린 아이들보다 높지만 디지털 세계에서 만큼은 그들에게 뒤처진다. 그러면서 자신의 시대에는 이러지 않았다고 한다.

MZ 세대들이 자신들만의 잣대를 가져다 대면 식겁하며 버르장머리 없는 놈이라고 훈계와 함께 꼰대 짓을 한다.

그게 나다.
그 꼰대가 나다.

그래서 조금은 유연해지고, 그들의 세계를 존중하려 노력한다. 최소한 그들의 이야기에 귀기울이고, 모르면 물어본다. 그들을 이해하고자 한다. 공부한다.

그들과 함께 더 좋은 시대를 맞이하기 위해.
우리만 살고 끝나는 지구가 아니기에.

어느 것 하나 특별한 것 없음

토요일

일곱 개의 요일 중 토요일을 가장 좋아한다.

"칠"일중 "육"일을 알리는 흙토(土)의 토요일 우리의
육체가 흙에서 나와 흙으로 돌아가서 그런가?

왠지 "흙토"라는 한자가 주는 의미가 더 와닿아서 그
러는지도 모르겠다.

성경에도 "육"일 동안 이 세계를 창조하신 뒤.
"칠"일째 되던 날 쉼을 가지시기 전 마지막 노동을
뜻하는 "육"일.

얼마나 많은 심열을 기울이시고 그 끝을 마치기 전
얼마나 많은 것을 돌아보시고, 이제껏 만든 것을 다시
확인하셨겠는가

그리고 심히 만족한 성스러운 노동의 마침을 알리는
"육"일의 토요일 그 다음 온전한 쉼을 가르키는
"칠"일째, 그 모든 것을 보시고 "심히 좋았더라"라는
말을 남기셨다.

나도 "육"일의 끝을 잘 마무리하고 "칠"일째 되는 날
모든 것에 만족감을 느끼고 싶다.

악마의 숫자를 뜻하는 "666"이라고 하지만.

 그건 아마도 하와가 뱀의 술수로 사과를 따먹은 뒤
하나님과의 약속을 지키지 않은 죄로 인해 노여움으
로 평생 흙을 먹게 된 뱀의 저주로 인한 것은 아닐까?

아!

그래서 토요일을 뜻하는 한자가 흙토(土) 인가?

*개인적인 사견은 그냥 흘러가는 이야기로 봐주시라.
의미를 부여하기에는 저의 역량이 지극히 작고, 소소하여.
신빙성을 입히기에는 진리가 없는 가벼운 글이니만큼.
심심풀이 정도로 이해하시면 되겠다.

**모든 종교의 중요성을 알기에.
너그러운 마음을 가져주시기를 바란다 :)

어느 것 하나 특별한 것 없음

PLAYER

인생에 대한 불확실성이 내 삶에 자양분이 되어 살아갈 이유를 찾게되는 시기가 있다.

무엇을 이뤄보려 붙들고, 무엇인가 해내려 아등바등할 때.

세상 모든 불행한 일들이 나에게만 쏟아지는 것 같다.

삶에 대한 회의와 이제는 무엇을 시도하는 것 조차 무례함으로 보일까봐 모든 것을 내려놓고, 되는대로 살아가니 조금씩 일이 풀려간다.

그때 당시에는 무엇을 이뤄내려 노력하는 것도 아니고, 남들 다 해내는 일을 평범하고 소소하게 주변인들과 성공해서 행복을 나누고 싶었는데.

그게 그렇게 마음대로 안 되더라.

초조함과 불안의 시간들이 끊임없이 계속되고, 자신에 대한 믿음과 확신까지 사라져가는 크로노스의 시간.

Nothing Seems Nothing Special

엎친 데 덮친 격으로 가족들의 사건사고가 연달아 터진다.

'신이시여, 어찌 저는 다들 서있는 출발선에도 못 서고, 출발선까지 가는 데도 이토록 힘이 듭니까?'

'출발선에 도착해 뛰어보려 했지만, 체력은 바닥이 났고, 이미 저보다 먼저 결승선을 향해 내달리는 사람들이 앞서가고 있습니다.'

'도대체 어찌해야 저는 남들이 원하고 바라는 결승선에 도착해 보나요?'

하소연이 길어지자
신도 이런 내가 불쌍했는지
마음의 소리로 내게 속삭였다.

'애야, 너는 달려나갈 튼튼한 두다리가 있지 않니?'

'너의 뒤를 보렴, 다리가 없어 기어서라도 자신의 레이스를 완주하려는 저 사람을.'

그렇게 나의 기도는 원망과 탄식의 기도가 아닌 감사의 기도로 바뀌었다.

어느 것 하나 특별한 것 없음

현재, 살아있음에.
앞으로 뛰어나갈 수 있는 두 다리가 있음에.

걷고, 뛰고, 구르다 보면
어느 순간 가닿아 있겠지

그토록 원하고 바라던 그 결승선에
하지만 굳이 결승선에 도착하지 않아도
이젠 괜찮다.

결승선에 도착하지 않아도 가는 길이 행복하고 감사
하니.

〈숨에도 맥박이 있듯, 삶에도 각자의 호흡이 있다.〉

남들이 정해놓은 울타리에 안에 자신의 삶의 호흡이
다해 따라만 가는 인생

숨에도 적절한 리듬이 있듯 삶에도 적절한 하모니가
있다. 들숨과 날숨이 조화를 이뤄 나아가는 것이 중요
하다.

헐떡이는 숨을 내쉬며 사는 그대여 지금은 잠시 무릎
에 손을 얹고 숨을 고르라

삶의 속도를 자신에게 맞춰라
쉬고 싶을 땐 그냥 바닥에 누워 쉬어라

무엇이 그대를 옭아매는가?
충분히 쉬고 다시 일어나 걸어가든 뛰어가든
원하는 속도로 삶의 박자를 맞춰라

후렴

숨이 차오르는 건 삶을 뒤돌아 보라 말하는 삶의 언
어다. 뒤처져 있음에 초조해지지 말고, 자신의 걸음으
로 천천히 나아가면 된다.

어느 것 하나 특별한 것 없음

조금씩 더 특별해지는 시간

이목을 끄는 일이 부담스럽던 어린 시절.

그게 그토록 얼굴이 붉어지고, 창피했던 이유는 무엇이었을까? 그냥, 내가 다른 이의 눈에 조금 더 각인되었던 경험이었을 텐데.

그런 경험이 마치 내가 더 나를 아무것도 아닌 존재로 만드는 것만 같았던 기분이 들었던 유년시절.

자존감과 자존심이 구별되지 않았던 그런 경계에서 무엇이 옳고, 그른 것인지 혼란스러웠다.

혼란스럽다는 표현은 유년시절에 모든 것이 합리화될 수 있었던 특권이다. 그 특권을 난 잘 활용하지 못했다.

앞에 나가 다른 이의 웃음에 조금이라도 일조를 했다면. 더 행복한 삶을 살 수 있지 않았을까?

다른 이를 웃게 하는 행동에 조금 더 관대하고. 다른 이들이 배를 잡으며 너 진짜 웃기다는 말을 들으며 유년시절을 보냈다면.

인생이 조금은 달라졌을까?

순응에 불순응하기

모든 삶은 자신이 선택한 길을 갈 수 있는 영혼의 말(馬)을 지니고 있다. 그 영혼의 말에 현시대는 체제라는 울타리로 재갈을 물리며, 끝임없이 채찍을 가한다.

자신들이 정해놓은 울타리에 가둬 놓고 모든 영혼의 말을 길들이려 야단이다.

그러니 복잡한 것이다.

가끔 울타리를 뛰어 넘는 영혼의 말이 세상이라는 자연으로 나오게 된다.

그 영혼의 말은 체재에 불순응하며, 자신의 먹이와 자신의 터전을 본인이 직접 선택하고 찾아간다.

가끔 태풍과 홍수로 목숨을 잃을 뻔 하지만 그때 경험한 고난은 시간이 흐르고, 지나면 모두 사라진다.

울타리 밖을 나온 "영혼의 말"은 자신과 뜻이 맞는 여러 종류의 동,식물들과 자연에 순응하며 서로가 서로를 돌보며 살아간다. 그곳은 순응도 불순응도 존재하지 않는 미지의 세계다.

잠시 가만히 앉아 자신의 호흡을 의식하며 눈을 감아보세요.
세상이 조금은 내 호흡으로 천천히 흘러가는 듯한 느낌을
받으실 거예요.

우리 잠시, 숨 한번 돌리고
다음 페이지로 넘어가도 괜찮겠죠?

〈미쳐야 미친다〉

다른 이들이 미쳤다고 한 순간
미친 소리를 들은 행동을 멈추면 그냥 미친놈

하지만 미친 행동을 계속해서 해나가면
미친행동은 더이상 미친 행동이 아닌
자신만이 할 수 있는 독창적인 일

세상의 소리에 귀를 닫아
마음의 소리에 귀를 열어

너의 행동에 힘을 더해
너의 말에 진심을 담아

언제나 너의 길을 자신있게 걸어가
미쳤다는 소리에 미침으로 되갚아
한치 앞도 모르는 시간
그렇게 너의 미침을 계속해 이어가

후렴

미쳤어 미쳤어 난 오늘도 나의 삶에 미쳤어
누가 뭐래도 내 삶의 주인은 나니까 내 삶에
미쳐버릴 거야

청소를 해내는 성실

 4일 동안 3시간의 수면만으로 정신을 붙잡아 두고 프로젝트가 끝난 5일째 되는 날.

 침대와 난 한 몸이 되었다.
 아니 그러고 싶었다.

 끌어당김의 법칙을 부가 아닌 잠으로 대체하는 듯했다.

 정말 그래도 괜찮았다.
 프로젝트는 잘 마무리되었으며 발표도 잘했다.

 모든 이들의 격려와 앞으로 프로젝트를 구체적으로 실현하자는 말도 들었다. 그만하면 되었다.

 나를 위해 선물을 사줘도 될만한 성과를 이뤄냈다. 침대에 조금 더 오래 누워 있는다고 세상에서 나에게 뭐라 말할 사람도 없었다. 하지만, 프로젝트 기간.

 정말이지. 대환장 파티에 마치 전쟁의 신 아레스(올림푸스 전쟁의신)가 휩쓸고 갔다고 해도 이상할 것이 없는 공간.

 신경을 못쓰고 청소도 하지 못한 작업실이 계속해서 머릿속에 떠올랐다.

말 그대로 초. 토. 화.
 내 안의 성실이 날 흔들어 깨우는 것을 눈감고 있을 수
도 있었다.

 성실은 늘 내 몸 따윈 안중에도 없는 듯.

 자신의 주장을 피력하고, 지금 당장 그것을 하지 않으
면 추후에 더 힘들어질 것이라는 엄포를 놓는다. 시간은
새벽 5시를 가리킨다.

 "그래, 일어나자"라는 말을 입으로 내뱉고 자리를 박차
고 일어난다.

 오늘도 성실이 열심을 다 하는구나.

 그 뒤, 작업실로 나가 8시간을 꼬박. 쓸고, 닦고, 분해
하고, 세척하는 행위를 통해 고결한 노동의 가치를 몸소
체험했다.

 하루를 마무리하는 지금.

 뿌듯이라는 자기 보상을 누리고 다시 침대에 누워있다.

어느 것 하나 특별한 것 없음

입장 차이

"오해하지 말고 들어요."라는 단어가 주는 뉘앙스는 '이건 화나서 속 이야기를 하는 거야!'의 뜻을 내포하고 있다.

'오해를 하지 않아야'하는 이야기는 하지 않는 게 '오해를 만들지 않는'것이다. 오해를 할지 말지는 상대방이 판단하는 것이다.

이야기하는 입장인 화자가 먼저 밑밥을 깔아놓고, 자신이 하고 싶은 말을 편하게 하고 싶어 방어막을 쳐놓는 것이다.

"오해하지 말고 들어요."는 무례란 문장인 것 같다.

'난 이야기를 통해 막말을 내뱉을 거야.'라는 뜻을 어느 정도 내포하고 있으니. '오해할 것 같은 말은 하지 않은'게 청자에게도 좋다.

앞으로 계속해서 볼 사람이라면 오해할 말은 하지 않는 것으로.

그게 나를 지키고 상대방을 지키는 것이라 생각한다. 인간의 귀와 마음은 소각장이 아니다.

사용하지 않고 쓰지 않는 제품을 태워 버리면 그만이다.

 하지만 공기보다 가벼운 말은 입을 떠나 상대방에게 전달되면 무겁고 깊게 자리잡아 불태워지지도 지워지지도 않는다.

우리는 언어를 잘 소화할 의무가 있다.

소화를 시키기 전.
조리있게 정리하는 과정도 필요하다.

 같은 재료라도 요리사의 능력에 따라 결과가 달라지는 것처럼 언어라는 재료도 잘 조리하여 알맞게 전달해줘야 한다.

존재의 부재

빈자리를 채울 수 있을까?
과연 누가 들어와야 그 자리를 메울 수 있을까?
아니면, 영영 그 자리는 빈자리로 그냥 두어야 하는
것일까?

"든"자리는 몰라도 "난"자리는 티가 난다고 했는데.
난 자리가 조금씩 티가 나기 시작한다.

역할을 분담하고, 해야 할 일을 마땅히 해내면 되는
것인데. 늘 새로운 사람을 교육하고, 그 자리에 빈틈
이 생기지 않게 만드는 것이 쉽지 않다.

물론 쉬워서도 안된다.

쉽다는 것은 그만큼 일의 중요도가 떨어질 수도 있다
는 반증이니까.

'아니야 아니야, 누가 와도 쉽게 배울 수 있고 대체가
가능한 것이 시스템 아닌가?'

'그런 시스템이 정착되어야 회사가 잘 돌아가는 것
아닌가?'

요즘 시대는 일 잘하는 사람을 찾는 것보다는 일을 잘 배울 수 있는 *"프로페셔널 러너"를 찾는다고 한다.

잘 배우는 사람이 결국 일도 잘하는 것이니까.

그러나 일이라는 것이 누구에게나 쉽게 열려 있는 시대가 점점 저물어 가고 있다.

그 자리를 자동화 기계들이 차지하고 있다.
기계에 일자리를 빼앗기는 시대에 점점 인간이 설 자리는 줄어들고.

사람들의 욕심과 자본주의에 따른 돈에 대한 탐욕이 최고점을 찍고 있는 시대.

인간은 소비의 주체자로만 남겨지는 것은 아닌지 긱정스럽다.

*프로페셔널 러너 : 배움을 능숙하게 해내는 사람

어느 것 하나 특별한 것 없음

감정의 단계

 분명 억지부릴 상황이 아니었다. 그냥 같은 일을 처리했고 오늘의 일을 모두 마쳤다.

 육체노동 강도가 높았던 하루였다.

 새벽 일찍 일어난 것도 전날 밤, 잠을 늦게 잔 것도 아니다. 하지만 이상하게 기분이 좋지 않은 하루의 시작.

 신이 천지창조를 마치시고, 심히 만족해 하신 일요일 아침. 이상하게 난 만족이란 단어와 결부시킬 수 없는 감정의 상태였다.

 내가 내 기분을 조절하지 못한다는 건.

 어쩌면 인간으로서 내가 해내야 할 일을 제대로 못하고 있는 것은 아닐까?

 21세기 명상과 뇌에 대한 인류의 새로운 시선. 인류 탄생 이후, 인간이라는 생명체.

 인간이 느끼는 감정에 이토록 많은 연구 결과가 나오는 시대는 앞으로도 없을 것 같다.

 예전 같았으면, '그냥 똥 밟았다고 생각해.'라는 말로 하루를 대충 흘려 보낼 수도 있지만.

오늘 이상하게 내 기분과 감정에 많은 생각을 할애한다. 감정에 시간을 할애할수록 자꾸 더 좋지 않은 감정으로 빠져든다.

똑같은 하루가 이토록 다르고, 복잡할 수 있다니.

휴일의 명분과 일요일이라는 대명사가 나에게만큼은 행복을 가져다주지 못한 수많은 일요일 중 한 날이다.

오늘 하루의 전개는 어떻게 흘러갈까?

기분이 태도가 되는 순간.

내 태도를 보고, 다른 이가 피해를 받는 상황을 만들고 싶진 않다.

마음을 추스르고, 눈을 감는다.
그리고 호흡에 집중한다.

내가 살아있음은

분명, 분노보다는 감사와 행복한 것을 더 많이 느끼는 삶을 살아가라는 신의 자비다.

어느 것 하나 특별한 것 없음

웃어야 좋은 일이 오는 건 아는데

행복해서 웃는 게 아니라.
웃으니 행복한 일이 생기는 것이다.
분명 많이 들었던 이야기면서 잘 알고 있는데.
삶에 적용하기가 쉽지가 않다.

잘 적용하면 하루의 시작과 더불어 매일이 흥으로 넘
칠 텔데. 운전 중에 깜빡이도 없이 갑자기 불쑥 끼어
드는 차량.

차례를 지키지 않고, 슬그머니 자신의 발을 밀어 넣
어 아무렇지 않게 새치기 하는 얌체 같은 사람.

똑같은 말이어도 괜히 꼬아서 기분 나쁘게 말하는 주
변인.

분명 자신이 힘들 때는 도움을 줬건만 정작 자신의
필요가 충족되지 않는 일에는 연락을 해도 받지 않는
친구(라는 단어를 붙이기에도 화딱지 나는 관계.)

이 상황을 빼고, 더 많은 일들과 상황들이 우리를 웃
지 못하게 한다. 이런 상황에 내몰린 우리의 마음에서
평온을 찾기란 쉽지 않다.

자꾸 아무렇지 않은 일에 분노가 치밀어 오른다.
예전 같았으면 그냥 웃어넘길 일들에 대해서도.

Nothing Seems Nothing Special

괜히 한번 더 생각하게 되고, 그 말에 본뜻이 무엇인지 꼬치꼬치 캐묻게 된다.

'내가' 소심하고, 예민한 성격일까?'라며 자문자답을 하기엔 날 궁지로 내모는 주변 환경이 너무 많다.

"이성적으로 생각해."라고 말하지만. 본능적 내면의 야수가 이빨을 드러내며 '언제든 내 심기를 건들기만 해 봐 .'라고 말한다.

주변을 배회하며, 화낼 일들과 상황을 찾고 있다.

분명 야수는 약자에게 강하고, 강자에게 약한 하이에나같은 본성을 지니고 있을 것이다.

난, 날 잘 안다. 그래서 시답잖은 야수성을 표출하지 않으려 노력한다.

언제나 번번이 실패하지만.

오늘도 난 그렇게 날 제일 사랑하며 챙겨주는 주변인에게 하찮은 이빨과 야수성을 드러낸다.

그러면서 또 후회할 것이다.

어느 것 하나 특별한 것 없음

〈모쪼록 평온한 하루의 시작이었다.〉

강아지와 밍기적거리는 나의 하루
맑은 아침을 맞이하기 위한 시원한 샤워

흐릿해진 정신을 깨우는 적정온도의 바람
금세 기분이 맑아지는 창밖의 햇볕

시간을 앞지르는 소음들은 잠시 차단하고
삶을 일깨우는 소소한 행복에 마음을 연다

허기를 달래줄 가벼운 토마토
입안 가득 향긋함을 전해줄 싱글 오리진 커피

책상 위에 올려 놓은 새로운 책
반들하게 느껴지는 그립감

사사삭 넘어가는 책장소리에
미소를 지으며 하루를 시작한다

후렴

평온한 하루는 언제나 사소한 것들로 채워져
오히려 비워지는 것이 맞는 것 같아
여백에 채워진 소소한 행복에 마음이 놓여

그냥 그럭저럭

새벽이라고 하기에는 이른 시간. 밤이라고 하기에는 다음 날로 넘어가버린 AM 0 1 : 4 5.

깊은 시간. 갑자기 눈이 떠져 일어났다. 예전 같았으면 두 눈을 질끔 감고, 내 몸을 침대에 고정시켰을 텐데.

하지만 오늘은 나도 모르게 자리를 박차고 일어나 정들다(키우는 강아지)를 데리고. 모두가 잠든 시각이라고 생각하며, 늦었지만 이른 산책 길을 나섰다.

가로등 불빛 아래 들다(반려견)와 나. 이렇게 두 생명체만 어둠이 짙게 깔린 거리를 걷고 있었다.
아무도 없는 공원에서 평소에는 목줄을 채우고, 다녔던 거리를 목줄을 푼 채 다니니.

들다는 세상이 모두 자신의 것인냥 활개쳤다.
어찌나 여기저기 저어만치 뛰었다가 다시 돌아오는 것을 반복하는지. 검은색 푸들이라 어두운 곳에서는 잘 보이지 않는데.

이름을 부르면, 어디선가 튀어나와 내 옆을 함께 거닐었다. 차라리 밖을 나와 아무도 없는 거리를 배회하는 것이 더 생산적이라는 것을 깨달은 하루.

그럭저럭 잘했다는 생각이 든다.

가스라이팅

1948년 조지 큐커 감독의 영화로 시작되어 시대적 이슈로 떠오른 용어.
〈가스라이팅〉

영화의 간단한 줄거리는 19세기 다가구 아파트는 여러 집이 한 라인의 가스 파이프를 통해 실내를 밝혀주는 형광등을 함께 사용했다.

그러니 다른 집에서 불빛을 밝히면 주인공의 형광등(가스로 켜지는 불)이 미세하게 떨리거나 불빛이 약해지는 현상이 생길 수밖에 없었다.

어느 날 윗집 여인이 이사를 왔는데, 그 윗집에 비싼 보석이 있다는 소문이 돌았다. 주인공 남자는 그 여자를 죽인 뒤, 집에 숨겨져 있는 보석을 찾기 위해 매일 같은 시간 자신의 침실을 벗어나 윗집으로 보석을 찾으러 갔다.

하지만 그 행동을 이상하게 여긴 주인공의 아내는 매일 같은 시간 자신의 옆자리를 떠난 남자 주인공이 집을 나서면.

이상하게 집 형광등(가스로 켜지는 호롱불)의 화력이 약해지면서 떨리는 것을 이상하게 여겼다. 그리고 남편을 추궁하기 시작한다.

똑똑한 남편은 되려 자신의 아내가 이상한 것 같다며 자신을 포함한 주변 사람들에게 아내의 정신 상태를 문제 삼는다.

그러면서 아내의 심리를 흔들어 놓는다.

급기야 아내는 남편의 말에 세뇌되어, 자신이 정말 착각을 하고 있으며, 남편의 말대로 자신이 자꾸 이상 해지는 것 같다며 되려 자신을 탓한다.

그 후 여러 사건 사고가 일어남에도 자신의 현실 보 다는 남편의 말과 행동에 귀 기울이고, 남편의 말에 조종당하게 된다.

물론 이 해석이 맞는지 모르겠다.

결론적으로 자신도 모르는 사이 남에게 세뇌당하고 조정당하여 옳고, 그름의 판단을 제대로 내리지 못하 게 된다.

가스라이터에게 자신의 선택권을 넘기는 과정을 뜻 하는 것이 "가스라이팅"이라는 용어다.

사이비 종교에 빠져, 자신의 가족과 주변을 버리고 인생을 교주 말에 맡겨버리는 사람.

자신의 주관과 가치관에 따른 선택을 하기보다는 자 신이 믿고 의지하는 사람에게 결정을 맡기고, 아무런 저항 없이 결과를 받아들이는 사람.

부부간 아내 또는 남편에게 주눅이 들어 자신의 결정권을 남편 혹은 아내의 말만 전적으로 신뢰하며, 앞뒤 가리지 않고 선택하는 사람.

'현시대의 가스라이팅에 빠진 사람들은 위와 같은 사람이 아닐까?'라는 생각이 든다.

하지만 무조건 가스라이팅이 나쁘다고 치부하는 시선은 충동적인 결정과 선택을 야기한다.

아직 잘 알지 못한 분야 또는 선택을 하는 것에 따른 옳고 그름을 판단하지 못하는 유소년 및 청년들. 선택의 결과를 온전히 책임지지 못할 사람들은 주변 멘토들의 조언을 구할 만한 전문가에게 자신의 견해를 피력하고, 좋은 방향을 선택하는 것이 옳은 방향 아닐까?

가스라이팅의 확증편향이 강해지고 있는 시점에서 한 번쯤은 '내가 남에게 조정 당하는 것인가?'
'도움 혹은 가르침을 받고 있는 것인가?'라는 물음을 던져보고 자신이 해낼 수 있는 방향으로 선택을 해보는 것도 좋은 방법이다.

오늘은 내 삶에 주체가 되어 주관적인 생각을 갖는 시간으로 하루를 보내야겠다.

뒤죽박죽

난 생각이 없어.

그래서 내가 할 일도 네가 한 일도 기억 못 해.
하지만 네가 나에게 비수를 꽂은 건 기억해.
기억하고 싶지 않아도 기억이 나.

내가 했든.
네가 했든.

그건 중요하지 않아.
내가 그걸 그렇게 기억해.
힘든 기억을.
너에 대한 나의 마음이 그래.

이건 직감일까? 아니면 증오일까?

자꾸 멀어지는 너와 나 사이를 악의로 채워가.
이제는 악의가 당연시 여겨져.

뒤죽박죽 엉켜있는 감정이 점점 부정적으로 흘러만 가.

그 흐름을 난 막을 수 없어.

마치 강물이 결국 바다로 흘러가듯이.
내 감정도 그렇게 당연히 흘러가.

커피를 쓰며, 글을 내립니다

호구 타락 주의

사는 게 빡빡하다고, 나도 빡빡할 필요는 없다.

빡빡할수록 길도 터주고, 막힌 것들 서로 힘을 보태서 뚫을 수도 있는 것 아닌가. 누구한테는 잘 보이고, 누구한테는 함부로 대하는 이분법적 논리.

그런 체제는 그냥 단세포 생물들이 번식을 위해 작용하는 생물학적 접근으로 그냥 놔두고 싶다. 그렇지 않아도 번식력이 좋아 팽창하는 인간계 (번식력 억제를 위해 어떤 나라는 아주 훌륭한 정책과 체제를 가지고 있기에 날이 갈수록 잉태의 성스러움이 줄어들고 있다.)에서는 진실되게 있는 그대로 서로를 바라보는 게 중요하다. 하지만 서로가 서로를 믿고, 서로 중 배려한 사람만 바보가 되는 "호구 타락 주의" 사상이 만연한 인간계에서 갈수록 한 집단의 희생과 이해만을 강요한다. 새로운 자본주의 체제 속에 손가락 클릭과 몇 번의 커서 움직임으로 자본이 생성되는 신계급주의. 가진 자들의 명분 채우기가 만연한 사회.

말로만 다른 사람을 위할 바에는 그냥 조용히 있는 편히 오히려 낫다. 코로나 핑계로 언제까지 힘없는 사람들에게 보이지도 않는 마음만 따뜻하게 해 줄 것인가.

꼰대는 만연하고, 흔히 말하는 MK 세대에게 바라는 건 많아지고.

가운데 낀 40대들의 가장의 어깨는 날이 갈수록 무거
워져만 간다. 말로만 할 거라면 그냥 말도 하지 말라.

말 한마디에 기대하는 청춘들이 말만 믿고 흔들리다
그대로 꺾여버린다. 열정으로 세상을 따뜻하게 만들기
엔 역부족이다. 지구온난화보다 차라리 빙하기가 도래
하고 있다고 말하는 것이 신빙성 있는 요즘.

지쳐가다 못해 마스크 속 답답한 숨만 쉬고 사는 사람
들이 많다. 갈수록 비교는 심해지고, 필요하지 않은 물
건도 없으면 루저라 말한다.

소비만을 강요하는 소셜미디어 속 사람들.
점점, 누가 진짜 사람인지 AI인지 분간이 가지 않는
디지털 세상.

혼란은 늘 있어 왔다고 하지만 인간이 아닌 가상 속
인물과 인간이 만들어낸 세상의 혼란. 한 번도 가보지
못한 길을 간다며 모든 게 수용되었던 2년이라는 시간
을 지나고 보니.

모든 것이 거대 공룡기업에 의해 독점화되어 버렸다.
웃을 수도, 그렇다고 울 수도 없는 시기.

시대정신은 갈수록 인간을 바보로 만든다.

어느 것 하나 특별한 것 없음

〈나태함〉

앙상한 나뭇가지 위의 참새 한 마리
창공을 향해 힘찬 날개짓

떨어지지 않으려 온 힘을 다해 펄럭거리는
날개짓의 성실함

그토록 날기 위해 펄럭이는 두 날개는 공중을
배회하는 시간만큼 나태하지 않다

사람의 나태함은 아무 일도 하지 않을 때 나타난다.

언제나 움직이는 것에서 삶의 활력을 얻는
인간은 활동이 없어지면 사형선고를 받는 것과 같다.

하지만, 우리의 주변은 언제나 사형선고를 받은 사람
들로 가득하다.

후렴

인간의 나태함을 합리화 용인하는 부조리한 사회 창
공의 참새의 똥을 받아도 기분 나빠하지 말라 참새의
성실한 날개짓은 고귀하다

억울함이 어눌한 건 아니야

자의든 타이든 우리는 어떠한 일에서 생각과는 다른
게 일의 진행 및 결과를 마주할 때가 있다.

'내가 원한 건 이게 아닌데.'
'내가 그사람에게 그정도 밖에 안되는 것인가?'

사람의 관계에서 오는
내가 맡은 일에서 오는
그 모든 일들에서 오는

심리적 압박감에서 우리는 무엇을 얻기 위해 그토록
자신의 삶을 갉아 넣는 것인지.

기대 수명은 길어지는 것 같은데.

'수명을 굳이 꽉꽉 채워서 살아야 하나?'라는 회의감
의 시간도 늘어만 가는 현재의 삶.

억울함이 계속되어 어눌함이 일상이 되어버린 관계.

차라리 침묵을 지키는 편이 더 편하다. 애써 차오르
는 부침과 고독을 억울함으로 승화시키는 이놈의 뇌
체계는 도대체 고쳐지질 않는다.

인연이라 부르고, 이년이라 생각한다

"어쩜, 너도?! 나도?!"
"야! 우리 왜 이렇게 생각하는 게 같아?!"
"진짜, 진짜, 너 완전 나랑 연결되어 있는 것 같아!"
"야, 걔랑 맞는 척하려고 얼마나 힘들었는데."

"진짜, 밥 잘 사주고 걔랑 있으면 트렌드하니까 만나
는 거지!"
"그거 아니면, 같이 있기도 싫다."
"맨날, 인플루언서가 어쩌니 저쩌니, 내가 이걸 얼마
에 주고 샀느니"
"내가 그 애 전문 사진작가도 아니고 맨날 만나면
사진 찍어주고!"

"이 사진은 이러니 저 사진은 저러니."
"언제까지 내가 걔 기분 맞춰줘야 하냐!"

"어머, 왔어?! 오늘 스타일 너무 좋다."
"이 옷 어디서 샀어?"
"정말 예쁘다!"

"어어 너꺼 폰 줘 너꺼 폰이 이번에 신형이잖아!"
"우와! 화질 대박"
"왼쪽으로 다리 꼬고, 옆면 보여봐."
"완전 예뻐, 대박!"
"진짜 우리 어떤 전생에 어떤 인연이었을까?"
"왤케 잘 맞지?!"

"분명 우린 부부였을 거야!"

가로수길. 어느 카페에 앉아 있었다.
내가 무슨 상황을 보고, 들은 건지.

인연이라 부르고, 이년이라 생각하는 상황.
대단하다는 생각밖에 들지 않았던 상황.

그 모든 상황에 살고 있다는 내 자신이 문득, 두려웠다.

편협한 생각에 가중되는 정보들.
앞과 뒤가 다른 사람.

하루에도 몇백 개의 양극단에 있는 정치 세력들의 가짜 뉴스가 판을 치는 세상.

무엇이 옳고, 그른 것인가를 논하기 전에 자신의 생각에 껴맞춘 알고리즘의 세뇌로 인해 마치 내가 보고, 생각하는 모든 것이 정답이라고 장단을 맞추는 미디어.

혼란은 항상 있어왔다.

하지만, 현시대의 "혼란"은 "혼란"이라고 생각하지 못하게 만드는 사회적 시스템이 더 큰 "혼란"을 야기시킨다.

어느 것 하나 특별한 것 없음

아는 사이니까 싸게?

"판매단가에서."
"조금 더 싸게 해주세요."
"저희는 이 OOO단가 이상이면 안 되니까."
"OOO원 가격에 맞춰 주세요."

도대체, 무슨 심리일까?
아는 사이에는 더 경우를 차리고, 서로가 원하는 가격
에 맞춰서 일을 해야 되는 것 아닌가?

서로가 서로를 존중해주고, 남이 하는 것 더 이상의 것
을 해주려고 노력해줘야 하는 거 아닌가?

주위 사람이 잘 돼야 내가 함께 잘 되는 것 아닌가?

'한 다리 건너서 OOO 소개로 너를 알게 됐으니.'
'우리 좋은 게, 좋은 거니까 남들 가격보다 싸게 줘?!'

손님이 왕이고, 손님에게 정직해야 서로가 서로를 위
하는 세상 아닌가?

유대인이 잘 사는 이유?

정직하게, 남에게 더 도움이 되는 일을 제값에 더 잘해
내기 위해 노력하고 인정받았기 때문이다.

그리고, 자신이 잘 됐을 경우 남을 위해 더 헌신하고, 남이 잘 되길 바라며 진심으로 기도하고 도와줬기 때문이다.

도움이라는 것은 내가 상대방을 도와주고 싶은 마음이 진정성 있게 우러나와야 한다.

계산적인 도움은 서로의 상황을 더 악화시킬 뿐이다.

바보 같은 놈

이틀을 빼먹은 줄 알았다.
그래서 난 생각했다.

'그래, 나라는 놈이 그렇지 뭐.'
'기껏 해봤자 한달이네.'

하지만, 난 내가 생각하는 것보다
성실하고 부지런했다.

그 날, 옭아매고 재단했던 그 날.
그 생각을 하는 그 시간에 글을 썼다면.
난 또 내가 생각한 그런 사람이 될 수 있었는데.

패배주의자 같은 자의식이 날 가만 두지 않았다.

하루가 지난 24일의 하루 글쓰기를 시작하는 아침.
난 그렇게 또 나를 안아준다.

그럴 수 있다고.

남이 아닌 나를 위한 기록이라고.
이것을 통해 내 꿈을 이루는 게 아닌.

그냥, 내가 살아있다는 기록을 남기는 것이라고.

사냥의 시간

약육강식의 초원 위에 서 있는 하나의 생명체.
날은 밝았고, 온갖 동식물들이 초원 위에 서 있는 한 생명체에 집중했다.

창공을 가로지르던 한 마리의 독수리가 상공에서 지상으로 내려와 대지를 깨우자 잠시 시선이 독수리 쪽으로 흩어졌지만 여전히 초원 위의 한 생명체에 모든 생명의 이목이 집중되고 있다.

그 생명체는 벌써 3시간 째 한곳을 응시하며, 꿈쩍도 하지 않고 있다. 한 곳을 주시할 뿐, 자신의 활시위를 당기지 않고 있다.

도대체 무엇을 기다리고 있는지 그 생명체는 오롯이 한 곳만을 응시한 채 그곳에 집중하고 있었다.

어깨의 움추림도 몸의 미동도 없었다. 하지만 그 생명체의 겉옷 안에 감춰진 심장만은 빠르게 요동치고 있었다. 만약 심장이 실제로 보였다면, 요란한 움직임에 웃음이 나올 것 같았다.

고요한 대지를 깨우는 생명체의 한 발걸음이 시작되자. 소년에게만 집중하고 있던 모든 생명체가 일제히 빠르게 흩어지기 시작했다.

모든 상황이 일사불란했다.

어느 것 하나 특별한 것 없음

창공에 떠 있던 한 생명체는 과연 어떤 생각을 품고 있었던 것일까?

이 세계와 저 세계의 경계를 깨닫지 못한 걸까?
아니면 이 세계를 떠나 다른 세계로의 사냥을 위해 자신의 몸을 던진 것일까?

마치 약속이라도 한 것처럼 자신이 가야 할 곳이 정해진 것처럼. 그렇게 한 생명체를 제외한 모든 생명체가 자신의 모습을 감추기 바빴다.

거기에 동요라도 되었는지 모든이의 집중을 한 몸에 받았던 한 생명체도 빠르게 자신이 응시했던 곳으로 자신의 몸을 옮겨가고 있었다.

그 끝이 어딘지도 모른 채 멈추지도 않고, 계속해서 온 힘을 다해 뛰어갔다. 그리고 더 이상 땅이 연결되어 있지 않은 절벽으로 자신의 몸을 내 던졌다.

순간 모든 지구가 그 생명체의 행동으로 인해 숨이 멎은 듯 고요해졌다. 창공에 떠있는 한 생명체가 사냥을 위한 시간으로 자신을 내던진 것이다.

자신을 내던짐으로 사냥이 시작된다는 자연의 규칙을 깨달았던 것이다.

Nothing Seems Nothing Special

자신을 던짐으로 다른 생명을 살릴 수 있다는 것을
습득한 것이다.

높은 절벽에서 몸을 던졌던 한 생명체는 그렇게 자신
의 몸을 흙에게 내맡겼다.

그리고 흙은 그것을 알기에, 덤덤히 한 생명체를 자
신의 일부로 받아들인다.

그 생명체가 흘린 피로 인해 다른 여러 생명체가 다
시 생을 이어간다.

그렇게 한 생명은 이생을 마감했다.

다른 세계로의 시간을 선택하머, 그곳에서도 사냥의
시간을 기다릴 것이다.

어느 것 하나 특별한 것 없음

〈방황 없는 사랑은 없다〉

우리는 누구를 위해 방황하고 있는가?
방황은 외로움을 느끼게 하지 않는다.

방황은 간절함과 타인에 대한 갈급함을 느끼게 한다.
타인에 대한 그리움과 갈급함이 한 사람을 만났을 때
사랑이 시작된다.

그렇다 사랑은 서로가 만들어가는 것이다.

서로가 서로를 요구할 때 우리는 사랑을 시작하게 된
다. 사랑을 욕망과 비유해서는 안 된다.

사랑은 그 존재 하나로 독립될 수 없다.

사랑은 서로에 대한 끌어당기는 인연에서 비롯된다.
사랑하라 오늘이 처음인 것처럼 그리고 서로를 탐하
라 사랑을 탐하는 것이 욕심이 아닌 것처럼 그것은 인
간으로서 당연시 되는 욕구다.

후렴

욕구의 분출은 곧 타락으로 이어진다.
사랑은 그래서 어렵다.

서로를 위하지만 가끔은 거리를 둡니다

"우리 함께 잘 해보자!"
이 말을 함께 주고받은지 6개월.

함께라는 단어가 무색하게, 나는 그의 행위와 말투
일처리에 화가 나기 시작했다.

했던 이야기를 또 하고. 또 하고. 또 하고.

카톡을 남기고. 카톡이 나의 진심을 가볍게 만드는
것 같아 문자를 남기고. 그때마다 돌아오는 말은 무미
건조한. 네.알.겠.습.니.다.

그리고 똑같은 행동과 결과들.

'사람은 고쳐 쓸 수 없디.'
'사람은 쉽게 변하지 않는다.'
명언은 쉬이 살아지지 않는다.

옛말은 곱씹어 보고, 쓴 물이 단물이 될 때까지 만들
어야 한다. 내가 섣부른 생각을 하고, 그 사람의 인생
을 폄하한 건 아닌가?

되돌아 생각해 보아도. 분명 필요했고, 해야 했던 일
이었음에도 그는 그 약속을 지키지 않았다.

어느 것 하나 특별한 것 없음

협력이란 한 쪽만 일방적으로 일을 처리하고 해내간
다고 해서 이뤄지는 것이 아니다.

협력 : 우호적이고 생산적인 집단분위기를 형성하기 위해 집단
원들 간에 서로 돕는 것.

서로가 서로를 위해 돕는 것.

난 그들을 위해 무엇을 돕고. 무엇을 해주었는가?

상대방이 생각했을 때.

반대로 그가 나에게 서운한 것은 없었는지 체크하고,
생각하기도 전에 난 벌써 내 입장만 대변하고 있다.

그 사람의 행동을 평가하기 전에 내 행동을 돌아봐어
야 했는데.

언제나 난 인간관계에서 우호적인 편이 아니었다.
시너지와 생산성에 포커스를 맞추는 나의 이기적 일
처리가 상대방을 힘들게 만들었을 수도 있다.

상대는 일보다 관계를 더 깊게 생각했던 것일까? 협
력이란 과연 인간이 해낼 수 있는 일일까?

언론과 주변에서는 협력을 통해 많은 일을 잘 해냈다
고 하는데.

Nothing Seems Nothing Special

나에게만큼은 상상 속에서나 있을 법한 일 같다.

거리를 두고.
그 거리가 주는 무게감을 온전히 느끼며.

나쁘면 나쁜 대로
힘들면 힘든 대로

거기까지가 너와 나의 관계인 것 같다.

생존을 위한 경계

경계의 다른 말은 생존이다.
생존을 위해 우리는 방어선을 구축한다.

두려움을 통한 생존의 본능.
생존을 위한 경계 그리고 삶.

예민한 것은 까칠하기보다는 생존의 최전선에 있다는
것이다. 기민하지 못한 나의 본능 체제가 날 무방비 상
태로 만들어버리지 못하게 계속 경계하는 것이다.

인생을 살다 보면 여러 사람을 만나고 그 만남에서 나
와 맞지 않거나 나와 맞는 사람들이 존재한다.

빠르게 돌아가는 카이로스의 시간 속. 잠깐 스치는 인
간의 행실로 사람을 평가하다 보면.

어느덧 혼자인 나를 발견하게 된다.

본인이 생각하는 기준점에 맞지 않은 사람을 손절이
라는 표현으로 잘라내기에는 상대방의 모든 것들을 난
알지 못한다. 아니 알 수도 없다.

간혹 잘 맞는 사람들이 존재한다. 하지만 그것을 마치
나와 상대방이 정말 잘 맞다고 생각해 자신의 치부를
모두 들춰 버리면.

언젠간 상대방이 지치는 날이 온다.

 그렇기에 상대방이 나와 잘 맞다고 착각하기 보다는 상대
방이 나를 위해 잠시 결을 함께했다는 상황적 인식이 필요
하다.

 일방적인 관계. 결국, 한쪽이 먼저 쓰러지게 되어있다.
 관계의 지속성을 위해서도 적절한 밀당이 필요한 것이다.

 이 세상은 자신을 버리면서까지 남을 위하는 관계는 흔치
않다. 모든 이해관계는 자신에서부터 시작된다.

 경계가 심한 사람은 필연적 생존에 자신의 삶이 내몰린 경
우가 많다. 이런 사람에게 다가가기 위해선 시간과 서로를
위한 적당한 거리가 필요하다

너와 나의 결

퉁명스럽다.
다가가기 힘들다.
차갑다.
싹수없어 보인다.
정이 없다.
가끔씩 보면, 너 약간 사이코패스 같다.

"감정에 너무 솔직한 것 아니야?"
"그렇게 하면 니 마음이 편해?"

"모든 사람이 너처럼 살진 않아"
"너의 기준으로 남을 평가하지 마."

난 평가를 한 적도.
남의 인생에 관여한 적도.
내 기준으로 다른 이를 재단한 적도.

없다.

그냥, 거짓 없이 최대한 친절하려고 했을 뿐.
남이 그 모습을 온전히 받아주지 않았다.

난, 다른 이에게 날 맞추려 노력하지 않는 편이다.

온전히 내 모습을 바라봐 주는 사람들에게도 잘하기
힘든데. 날 싫어하고, 밑도 끝도 없이 깎아내리려고
하는 사람들에게 인정을 바라지도 않는다.

인간은 누구나 자신과 맞는 사람의 결이 존재한다.

그 결을 인지하지 못하면, 계속해서 남의 결에 내가
휩슬리게 된다.

그러다 자신의 결은 희미해져 자신의 무늬조차 사라
져 버린다.

그렇게 날 잃어가는 것이다.

관계의 정석

1. 본전 생각하지 말기.
2. 내가 준 것만큼 남에게 받으려고 하지 말기.
3. 상대방은 나를 비추는 거울이라기보다는
   그냥 벽이라 생각하기.
4. 모든 사람은 자신의 세계관이 있다는 것을
   인정하기.
5. 잘 나갈 때 갑자기 연락하는 사람 조심하기.
6. 못 나갈 때 한 번씩 연락하는 사람 기억하기.
7. 서비스직 직원하게 하는 행동 관찰하기.
8. 자신이 잘난 것이 아닌, 잘난 사람을 안다고
   하는 사람 조심하기.
9. 시간에 비용이 따른다는 것을 깨닫기.
10. 가치가 돈이라는 것을 인지하기.
11. 내 시간이 중요한 만큼 남의 시간도 중요하다는
    것 알기.
12. 내가 손해 보는 것은 계산하면서, 남 손해 보는
    것은 계산하지 않는 이기적인 생각 버리기.
13. 아프면 아프다고 말하고, 힘들면 힘들다고
    말하고 쉬기.
14. 쉬는 것은 단순히 시간을 보내는 것이 아니라,
    충전하는 시간이라는 것을 깨닫기.
15. 괜한 일에 감정 소비하지 말기.

16. 감정이 곧 모든 일의 결정권자라는 것
    이해하기.
17. 오늘 할 일은 내일로 미루지 않기.
18. 주는 대로 받는 것이 아니라, 받을 게 있어야
    받는 것임을 숙지하기.
19. 관계는 내가 필요로 하는 것이 상대방이 가지고
    있을 때 형성된다는 것을 명심한다.
20. 한쪽이 약간 모자라고, 다른 한쪽이 잘났으면,
    관계의 균형은 머지않아 깨진다.
21. 앞에서 할 말도 참고, 뒤에서 할 말도 참는 것이
    현명한 것이다.
22. 어차피 말이라는 것은 잘하면 본전, 못하면
    역적이 된다.
23. 꼭 진실만 생각할 필요는 없다.
24. 스쳐 지나가는 인연 또는 사람에게 너무
    마음 주지 않기. 인간은 누구나 이기적이다.
25. 내 앞에서 잘한다고, 꼭 뒤에서 잘하는 것도
    아니다.
26. 생색낼 때는 확실히 내라, 그렇지 않으면
    상대방은 모른다.
27. 마지막으로 이 바닥은 영원한 적도 영원한
    친구도 없다. (영화 타짜)

무엇이 될 수 있는가?

"나이가 많아서 안 돼."
"이미 늦었어."
"그게 말처럼 쉬운 게 아니야."
"지금 네가 할 수 있는 것이 아닌 것 같은데."
"그걸? 지금 하겠다고? 그 어려운 걸."

35살이 넘어가면 20살 때 선택했던 직업군에서 능력을 발휘해야 한다.

"토익, 토플, 비즈니스에 필요한 스펙에 집중을 해야 해!"

하지만, 제 4차 산업혁명의 대변혁기에 있는 우리가 평생을 바쳐 열심히 일해야 하는 직장이 몇이나 있을까?

인간의 인력은 더 이상 중요하지 않으며. 가내수공업도 이제는 기계로 대체되는 시대에서.

플랫폼과 마케팅이 뒷받침되지 않은 제품은 팔리지 않는다.

 필요에 의한 소비보다는 보여지는 것에 치중된 소비가
주를 이룬다.

과연, 우리는 무엇을 해야 하며, 무엇이 되어야 하는가?

꿈 + "실현하고 싶은 희망이나 이상을 지나"
꿈 = "직업군을 대표하는 시대를 지나"
꿈 - "돈이 되어버린 시대가 됐다."

많이 벌 수 있다면, 그것이 꿈이 되는 시대다.

어느 것 하나 특별한 것 없음

사랑에 대한 진리는 없다

다른 이에게는 사랑이라고 정의하지만
상대방은 구속이라 생각한다.

사랑에 대한 고찰은 정의할 수도
어느 하나의 진리에 껴 맞출 수도 없다.

관계가 어려워

누군가를 만나고 그 사람에 대해 알아간다.

처음 이야기를 나눴을 땐 분명.

배울점과 존경할만한 언행을 보이는 사람인 줄 알았다.

하지만 관계의 시간이 축적되고.
그 사람에 대해 점점 알아가면 알아갈수록.

상대방이 처음 나와 관계를 맺을 때의 모습은 위선이었
다는 것을 알게 된다.

인간의 페르소나는 언제 어디서든 바뀔 수 있다.
오래보아도 잘 알 수 없는 것이 타인이다.

정상

계획대로 살다보니
여기까지 온 게 아니라
어찌저찌 살다보니
여기까지 와버렸다.

저기까지 가야하는데,
이제는 너무 많은 계획에 갇혀
한 발자국 내딛기가 두렵다.

두려움의 산을 정복하기 위해
산의 정상만 보고 올라가면 길을 잃기 십상이다.

바로 앞.

자신이 딛고자 하는 길의 돌뿌리를 먼저 보는 지혜가
필요하다.

사랑의 협곡에서 뛰어내리기

끝을 바라보며, 희망을 꿈꾼다.
현재 상황을 마주하며, 욕심을 버리는 것.

내 삶에서 내가 느끼는 한계는 아마도 사랑에 대한
한계였을 것이다. 모든 시간 나와 함께한 사람에게 느
끼는 배신감과 소외감.

거기에서 오는 관계의 허탈함.
차라리 산산이 부서졌으면 했다.

산소호흡기만 붙여 놓은 관계의 연명은 사랑이 아니
라 절망에 가까웠다.

서로의 손끝이 스치기만 해도 베인 듯 한 마음의 상
처가 아물새도 없이 또다른 상처가 덧입혀 진다.

끝 없는 서로의 자기연민 속.
이제는 물러날 곳도 없는 낭떠러지.
그렇게 사랑은 날 절벽으로 내몰았다.

붙잡히거나, 뛰어내리거나.
난 뛰어내리기로 했다.

어느 것 하나 특별한 것 없음

본성

본능 앞에서 이성을 차릴 수 없었던 한 인간.
그 인간은 나라는 인간이다.

인간은 누구나 마음속에 통제되지 않는 늑대 한 마리
씩은 키우고 있다.

늑대는 본능 앞에 자신의 본성을 드러낸다.

그리고 이성이란 먹이를 어그적 어그적 뼈째 씹어먹
는다.

소화시킬 걱정은 하지도 않는다.

어차피 내재된 욕망이 강한 위산처럼 모든 것을 녹여
버릴 테니까.

Nothing Seems Nothing Special

브이 아이 피

세상의 특권층이 보호받는 시대.
죄인을 보호하기 위해 노력하는 사람들.

그들은 그들이 무엇을 보호하고 무엇을 위해 자신의
시간과 인생을 갉아 없애는지 알지 못한다.

결국 가해자는 법의 보호를 받고 피해자는 그들을 위
해 자본의 노예가 된다.

자본이 권력이 되고, 거짓이 정직이 되는 세상.

우리는 무엇을 위해 그들의 보호막이 되어야 하며 그
들의 총알받이가 되어야 하는가.

어느 것 하나 특별한 것 없음

머쓱하다

기껏 화를 내고, 상대방의 안위가 걱정되어 2~3일이
지난 뒤 사과 연락을 드렸다.

"네?"
"뭐 늘 있는 일인데요."
"마음 쓰지 않으셔도 돼요!"

머쓱하다.

상대방의 화를 무마시키는 능력을 과소평가했다.
난 상대방의 마음가짐을 배워야 한다.

'너의 지랄 맞은 화(火) 따위는 내 삶에 아무런 영향
도 못 줘.'

'뭐, 아무것도 아닌 일로 이제 와서 왜?'

프로페셔널은 저런 상황에 써줘야 한다.

되려, 내가 쪼잔한 인간이 된 듯한 느낌.
그들의 대인관계 철학을 배우는 오늘이다.

삐치면 지는 건데

누군가 그러더라. 삐치면 지는 거라고.
내가 왜 매일 패배감에 빠져 사는지 알겠다.

난 매일 삐친다.
매번 나에게 밥값을 설계하고 연락하는 친구.

일을 하는 것에 있어 자신이 원하는 것에만 중점을
두고 자신 업체의 이득만 부탁하는 업체.

분명, 예전에도 돈을 빌려가고선 연락이 끊겼는데 몇
년 만에 연락해서 다시 돈을 빌려달라는 지인.

카탈로그를 보내며, 요즘에 몸이 힘들다며 건강식품
을 강매하는 집안 어르신들.

삐치지 말아야지, 말아야지 하는데 인간으로 삐치지
않는 게 이리도 힘든 것인지 몰랐다.

정말 몰랐다.

세상에 이리도 받으려고만 하는 사람들로 가득 차 있
는지.

아침을 여는 시간

7개의 알람 소리에 손이 먼저 반응한다.

아니, 뇌의 무의식에 오늘의 알람 반응 기제가 이미
작동되었을 수도 있다.

아침의 소리는 늘 부산하다.
내 안의 바지런함과 게으름.

마치 선과 악이 공존하는 세계에서 자신도 발 맞추려
하는 듯.

서로가 공존한다. 정해진 시간.
한 번에 빨딱 일어나면 좀 좋으련만.

뱀이 똬리를 틀 듯.
몸을 움츠리며 이불 속으로 더 기어 들어간다.
내 머릿 속 두 가지 반응이 동시에 작동한다.

'못난 놈 또는 피곤을 존중해!'

이 단어에 오늘도 마음을 빼앗겼다.

그렇게, 난 잠을 선택하고 아침을 여는 시간을 조금
뒤로 늦췄다.

모든 게 조화롭지 않은 조화

책을 본다.
눈 앞의 활자는 지렁이처럼 느릿느릿 기어간다.

글의 내용은 해석되지 않는다. 손으로 책의 촉감을
느끼며 분명 글을 읽고 있는 게 확실한데.

도통 무슨 말인지 모르겠다.
책을 들고, 잠시 생각에 잠긴다.

오늘의 인간관계에서 내가 실수한 것이 무엇인지.

내가 그 대화에서 그 말을 꺼냈어야 했는지.
일을 진행하는 것에 실수는 없는지.

난 책을 본다...
난 분명히 책을 본다...

오늘의 대화를 어제의 인간관계를
앞으로의 일들을 생각하며 난 책을 본다.

어느 것 하나 특별한 것 없음

사진이 인생을 변화시킨다

오늘은 2020년 12월 13일부터 시작된 프로필 촬영
목표를 이룬 날이다.

5개월의 시간 동안

'할 수 있을까?'라는 물음이
'할 수 있구나!'로 되돌아온 시간이기도 하다.

힘들고 어려운 시간이었지만.
성과를 내고 나니 괜시리 뿌듯하다.

하루의 시간을 쪼개서 잠을 줄여가며 투자했던 삶의
한 부분이 이토록 벅차게 다가오는 순간.

'그만하고 싶다'는 생각을 이겨낸 의지가 꽃을 피워
확실한 보상으로 돌아온 2021년 5월 15일.

인생의 스승은 나 자신이라는 것을 깨달은 하루.

이야기

진짜를 이야기하는 사람들의 이야기는 지루하지 않다.
간결하며, 공격적이고, 직설적이다.

이야기에 지루함을 느끼는 이유.

그 이야기에 양념이 너무 버무려져
이야기 본연의 맛을 느끼지 못했기 때문이다.

핫도그도 설탕과 케첩이 적절하게 섞여야
밀가루 반죽의 외피와 소시지의 맛이 조화를
이뤄 더 맛있게 느껴진다.

이야기도 마찬가지다.
양념이 너무 강하면 본연의 맛을 잃어버린다.

무엇이든 "적당히"가 좋은데.
지금까지 내가 써온 글들은 적당한지 모르겠다.

"진짜 이야기를 가진 사람은 그냥 들려주기만 하면 된다."
_핼 스테빈스

어느 것 하나 특별한 것 없음

지나간 일들

 어제 내가 이런 선택을 했더라면.
 어렸을 때 조금 더 빨리 시작 했었다면.

 이런 생각을 가지는 순간조차 모든 것은 과거로 향해
간다. 생각을 한 뒤 신중한 선택을 해야 하는 일들이
있는 반면에.

 행동을 먼저 해야 하는 일들도 있다.

 예를 들면, 전날 아침에 '일찍 일어나야지!'라고 생
각한 뒤 이른 새벽 눈을 떴는데 '조금만 더 자자'라는
내적 속삭임에 제동을 걸어야 한다.

 이불을 끌어당겨 얼굴을 덮는 행위를 멈추고, 자리를
박차고 일어나는 행위적 당위성은 우리를현재에 머
물게 한다.

 지나간 것은 지나간 것이다.

 행위에 생각을 덮든.
 생각에 행위를 덮든.

Nothing Seems Nothing Special

모든 행동은 긍정과 부정이 있다.

난 언제나 긍정을 택하고 싶다.
부정은 사소한 것에 실천을 뒤로 미루게 한다.

긍정은 현실을 직시한다.

인간은 합리화 동물이다.
부정과 긍정 그 모든 것에 의미를 부여한다.

 하지만 긍정은 모든 상황 속에서 더 좋은 쪽으로, 일을 해낼 수 있는 자기암시를 준다.

 그것이 고난이든 기쁨이든 모든 것에 힘을 더한다는 의미다.

 가중되는 변화에 어디에 힘을 더 실을 지는 본인의 몫이다.

커피를 쓰며, 글을 내립니다.

커피를 좋아합니다.
커피 특유의 쓴맛 혹은 쌉쌀한 맛이 좋습니다.

하지만 계속 마시다 보면, 커피에서 느껴지는 여러 가지 향과 맛이 어우러져. 쓴맛은 달콤함과 향긋한 신맛으로 느껴지기도 합니다.

쓴맛은 탄맛과 다릅니다. 탄맛에서 느껴지는 쓴 맛은 기분좋은 쓴맛과는 확연히 다른 맛과 향으로 느껴집니다. 그래서 그런 커피를 마시면 다음 날 위장이 아려 옵니다.

인생에서의 쓴맛도 이와 같은 이치가 아닐까요?

제대로 된 인생의 쓴맛.

고통을 수반한 인내와 고난의 시간을 지나고 나면, 그것이 달콤한 선물로 다가오는 인연과 행운이 나타납니다.

하지만 쌔까만 속내에서 나오는 거짓된 쓴맛과 인연은 결국 숯이 되어 재로 사라지며, 그 주변을 아픔과 슬픔의 시간으로 채워 버리죠.

인생 쓴맛을 경험하고 계시다면, '이것은 과연 좋은 쓴 맛인가?'라는 생각을 해보시고, 달콤한 삶을 살고 계시 다면 '이 또한 지나가니.' 최대한 만끽할 수 있을 때 충 분히 만끽하시기 바랍니다.

그럼, 전 이만 커피를 쓰며, 글을 내리러 가보겠습니다.

Earnest Rabbit

시간의 감각은 현실에서 느끼는
인간의 역치의 궁극적 두려움에서 시작된다.

"어느 것 하나 특별한 것 없음"
〈끝〉

글쓴이 어니스트 레빗은 초등학교 4학년에 야구를 시작하여 고등학교 1학년까지 장래가 촉망되는 야구선수로 활약하였지만 강직성 척추염으로 인해 야구선수의 꿈을 포기하였다. 그 후 대학에 진학하여 언어재활과 특수교육을 전공하였다.

현재는 어니스트 레빗을 운영하며 글을 쓰고, 커피를 내린다.

어느 것 하나 특별한 것 없음 - Nothing Seem Nothing Special

ⓒEARNEST RABBIT
초판 인쇄 2023년 11월 11일
초판 발행 2023년 11월 22일

지은이 • 디자인 • 편집 EARNEST RABBIT / 감수 노현경 / 그림 KONGS
홈페이지 / www.earnest-rabbit.com
이메일 / yudaehan100@naver.com

발행처 인디펍
출판등록 2019년 1월 28일 제2019-8호
주소 광주광역시 북구 첨단과기로 208번길 43-22, B-2208호
      (첨단와이어스파크, 오룡동)
전자우편 cs@indiepub.kr
대표전화 070-8848-8004
팩스 0303-3444-7982

정가 14,800원

ISBN 979-11-962099-5-7 (13190)